•••• Títulos relacionados

IFCD0111 PROGRAMACIÓN EN LENGUAJES ESTRUCTURADOS DE APLICACIONES DE GESTIÓN

[OTROS TÍTULOS DISPONIBLES]

AF273826

IFCD0112 PROGRAMACIÓN CON LENGUAJES ORIENTADOS A OBJETOS Y BASES DE DATOS RELACIONALES

[OTROS TÍTULOS DISPONIBLES]

Solicítalos en:
- Librería
- www.paraninfo.es
- Solicitudes nacionales +34 914 463 350
- Solicitudes fuera de España +34 913 308 907, +34 913 308 919

Aplicaciones microinformáticas e Internet para consulta y generación de documentación
UF1467

José Talledo San Miguel

© 2025 Ediciones Paraninfo, S. A.
© 2025 José Talledo San Miguel

Diseño y maquetación: Ediciones Nobel, S. A.
Impresión: Liberdigital (Casarrubuelos, Madrid)

ISBN: 978-84-283-7015-8
Depósito legal: M-21945-2025

Impreso en España

Autor

José Talledo San Miguel es profesor técnico del cuerpo de Sistemas y Aplicaciones Informáticas. Tiene dilatada experiencia en la enseñanza en ciclos formativos superiores y de grado medio, tanto en su modalidad presencial como a distancia, y actualmente ejerce su labor docente en el IES Alisal de Santander (Cantabria), dentro del departamento de Informática.

Además, ha participado en la elaboración de materiales didácticos para el Ministerio de Educación y Ciencia dentro del ciclo de Administración de Sistemas Informáticos en Red (ASIR), y ha realizado cursos de formación para el profesorado a través de los centros de profesores de Baleares y Cantabria, dirigidos tanto al profesorado en general como al específico de informática en el ámbito de Internet, sistemas operativos y programación.

Índice

Introducción normativa

La Ley Orgánica 3/2022, de 31 de marzo, de ordenación e integración de la Formación Profesional, contiene una disposición derogatoria única que afecta a la regulación de los certificados de profesionalidad, ahora denominados **Certificados Profesionales.** La referida normativa deroga la Ley Orgánica 5/2002, de 19 de junio, de las Cualificaciones y de la Formación Profesional, y abre un escenario de cambios que se irán implementando progresivamente.

La Ley Orgánica 3/2022, de 31 de marzo, de ordenación e integración de la Formación Profesional implica que toda la formación es acumulable. La oferta formativa se estructura de forma escalonada, siendo los Certificados Profesionales un nivel intermedio (Grado C) de una escala que va desde el Grado A hasta el E.

En los artículos 35 a 38 de la Ley 3/2022 se describe en qué consisten estos Certificados Profesionales: su oferta, formación asociada, estructura, duración, acceso, titulación y validez. Posteriormente, esta normativa se completa con lo dispuesto en el Real Decreto 659/2023, de 18 de julio, que desarrolla la ordenación del sistema de Formación Profesional. Concretamente en los artículos 67 a 81 es donde se hace referencia a la oferta formativa de Grado C, correspondiente a los Certificados Profesionales.

Están agrupados en 26 familias profesionales con características comunes del sector. En la actualidad hay más de medio millar de Certificados Profesionales incluidos en el Repertorio Nacional. Esta cifra no deja de crecer. Además, cada certificado está específicamente regulado por un real decreto.

Un Certificado Profesional corresponde al Grado C de la oferta del Sistema de Formación Profesional. Es un documento oficial, con validez en todo el territorio nacional y debe constar en el Catálogo Nacional de Ofertas de Formación Profesional, que certifica la capacitación para el desarrollo de una actividad profesional.

Debe detallar los módulos profesionales superados y los estándares de competencia profesional asociados a él e incluidos en el **Catálogo Nacional de Estándares de Competencias Profesionales**, así como su correspondencia con el Marco Español de Cualificaciones.

Despliegan su validez en un doble ámbito, laboral y académico:

- En el contexto laboral tienen validez profesional, porque acreditan las competencias en una determinada profesión. Para poder trabajar en algunas profesiones, se exigen determinadas cualificaciones, y los certificados sirven para acreditarlas.

- Asimismo, tienen validez académica, puesto que permiten continuar un itinerario formativo siempre que se cumplan los requisitos de acceso para cursar la titulación deseada. De tal modo que, los Certificados Profesionales que sean parte de un Grado D permitirán la matrícula modular para completar los módulos establecidos en el currículo y obtener el correspondiente título de técnico básico, técnico o técnico superior con validez en todo el territorio nacional.

Para obtener un Certificado Profesional (Grado C) es preciso cumplir con los requisitos de acceso para realizar la formación.

Estructura de los Certificados Profesionales

I. Identificación: denominación, familia y área profesional a la que pertenecen; nivel de cualificación profesional (1, 2 o 3); cualificación profesional de referencia; entorno profesional y módulos formativos que esté previsto cursar junto con la duración de cada uno de ellos.

II. Perfil profesional: incluye las competencias profesionales requeridas en el mercado laboral. En todas ellas se concretan las realizaciones profesionales y los criterios de realización.

III. Formación: describe los módulos formativos que esté previsto cursar para adquirir las competencias requeridas. En cada uno de ellos se indican las capacidades que se pretende alcanzar y la duración del módulo de prácticas no laborales —PNL—, para el que cabe solicitar exención si se cumplen determinados requisitos.

IV. Prescripciones de las personas formadoras.

V. Requisitos mínimos de espacios, instalaciones y equipamiento.

Los Certificados Profesionales se identifican con una denominación concreta y un código alfanumérico propio, y sirven para acreditar una determinada cualificación profesional. Cada certificado está asociado a una relación de unidades de competencia que, a su vez, se vinculan con una serie de módulos formativos específicos. Algunos módulos están integrados por unidades formativas y tanto unos como otras son, en ocasiones, transversales, lo que significa que se trata de contenidos incluidos en más de un Certificado Profesional.

Los Certificados Profesionales se articulan en tres niveles de competencia profesional (1, 2 y 3) conforme a lo dispuesto en el que será el Catálogo Nacional de Estándares de Competencias Profesionales, anteriormente Catálogo Nacional de Cualificaciones Profesionales (CNCP), según los criterios establecidos de conocimientos, iniciativa, autonomía y complejidad de las tareas, en cada una de las ofertas de Formación Profesional.

La oferta formativa dirigida a la obtención de los Certificados Profesionales tiene carácter modular para favorecer la acreditación parcial acumulable de la formación recibida y posibilitar así el avance en el itinerario de Formación Profesional para cualquiera que sea la situación laboral de cada persona en cada momento.

En definitiva, el Grado C constituye la oferta, parcial y acumulable, del sistema de Formación Profesional, de varios módulos profesionales del catálogo modular de Formación Profesional por razón de su significado en el mercado laboral y conducente a la obtención de un Certificado Profesional.

Las ofertas de Grado C de Formación Profesional tendrán por objeto módulos profesionales incluidos previamente en el catálogo modular de formación profesional y asociados al Catálogo Nacional de Estándares de Competencias Profesionales.

Finalidad de los Certificados Profesionales

- Contribuir a la ordenación de un Sistema de Formación Profesional al servicio de un régimen de formación y acompañamiento profesionales que sea capaz de responder con flexibilidad a los intereses, expectativas y aspiraciones de cualificación profesional de las personas a lo largo de su vida.

- Combinar escuela y empresa situando a la persona en el centro del sistema.

- Facilitar el aprendizaje permanente de toda la ciudadanía mediante una formación abierta, flexible y accesible, estructurada de forma modular, a través de la oferta formativa asociada al certificado.

- Acreditar las cualificaciones profesionales o las unidades de competencia recogidas en estas, independientemente de su vía de adquisición, bien sea través de la vía formativa, o mediante la experiencia laboral o vías no formales de formación.

- Favorecer, tanto a nivel nacional como europeo, la transparencia del mercado de trabajo.

- Contribuir a la calidad de la oferta de Formación Profesional.

Este libro

El presente libro desarrolla la Unidad Formativa denominada *Aplicaciones microinformáticas e Internet para consulta y generación de documentación,* UF1467.

Dicha unidad formativa está asociada a la Unidad de Competencia UC0223_3, forma parte del Módulo Formativo MF0223_3 *Sistemas operativos y aplicaciones informáticas* perteneciente a las Cualificaciones Profesionales de referencia: IFC155_3, de nivel 3, incluida en el Certificado Profesional denominado *Programación en lenguajes estructurados de aplicaciones de gestión*; IFC079_3, de nivel 3, incluida en el Certificado Profesional *Administración de bases de datos*, y IFC080_3, de nivel 3, incluida en el Certificado Profesional denominado *Programación con lenguajes orientados a objetos y bases de datos relacionales.* Todas ellas se encuentran dentro de la familia profesional Informática y Comunicaciones.

Según el Real Decreto 628/2013, de 2 de agosto, los contenidos que en esta obra se recogen se corresponden con una duración de 40 horas.

Tanto la estructura como el desarrollo del libro se ajustan a los citados reales decretos y más concretamente a los contenidos de la Unidad Formativa que le da título *Aplicaciones microinformáticas e Internet para consulta y generación de documentación,* UF1467.

Contenidos

1. Aplicaciones microinformáticas e Internet
   - Procesadores de texto, hojas de cálculo y edición de presentaciones:
     - Manejo y conocimiento a nivel de usuario.
     - Técnicas de elaboración de documentación técnica.
     - Formatos de documento estándar. Estructura de la información y metadatos en los documentos.
     - El wiki como herramienta de escritura colaborativa.
   - Uso de Internet:
     - Conocimiento de www. Navegadores.
   - Sistemas de correo electrónico, chat y foros. Reglas de conducta aplicar en los foros, chat y correo electrónico.

- Transferencia de ficheros. Explicación de las técnicas de transferencias de ficheros a nivel de usuario y discriminando las que aportan elementos de seguridad tanto para identificación como cifrado.
- Proyectos de *software* libre en la web. Identificación de los sitios para encontrarlos, dónde bajar el *software* y cómo contactar con la comunidad.
- Sistemas de control de versiones.

■ Nota del Editor

En Ediciones Paraninfo estamos comprometidos con la calidad de la formación e intentamos que nuestros materiales respondan fielmente y con rigor a las necesidades de todos cuantos confían en nuestro sello editorial.

Tratamos de dar respuesta a los currículos de las unidades formativas y de los módulos que integran los distintos Certificados Profesionales, equilibrando la parte teórica con la práctica para que los procesos de aprendizaje se conviertan en experiencias gratificantes, tanto para docentes como para las personas inmersas en los procesos formativos.

Nuestros objetivos son contribuir de forma decisiva a afianzar aprendizajes, ayudar a adquirir destrezas que tengan significado para el empleo y conseguir potenciar el desarrollo personal.

Para lograrlo contamos con excelentes autores, expertos en las materias que abordan, en la mayoría de los casos docentes de dichas especialidades con dilatada experiencia tanto profesional como académica, porque buscamos perfiles familiarizados con los contextos laborales concretos a los que se refieren nuestros manuales.

Confiamos en poder serte de ayuda y esperamos tus impresiones acerca de nuestro trabajo. Sean positivas o negativas, serán muy bien recibidas y, sin duda, nos ayudarán a seguir mejorando y trabajando con ilusión para continuar siendo un referente en formación para el empleo.

Agradecemos tu confianza en nuestros manuales. Todo nuestro equipo queda a tu total disposición. Puedes contactar con nosotros en esta dirección de correo electrónico:

info@paraninfo.es

1. Aplicaciones microinformáticas e Internet

Contenido

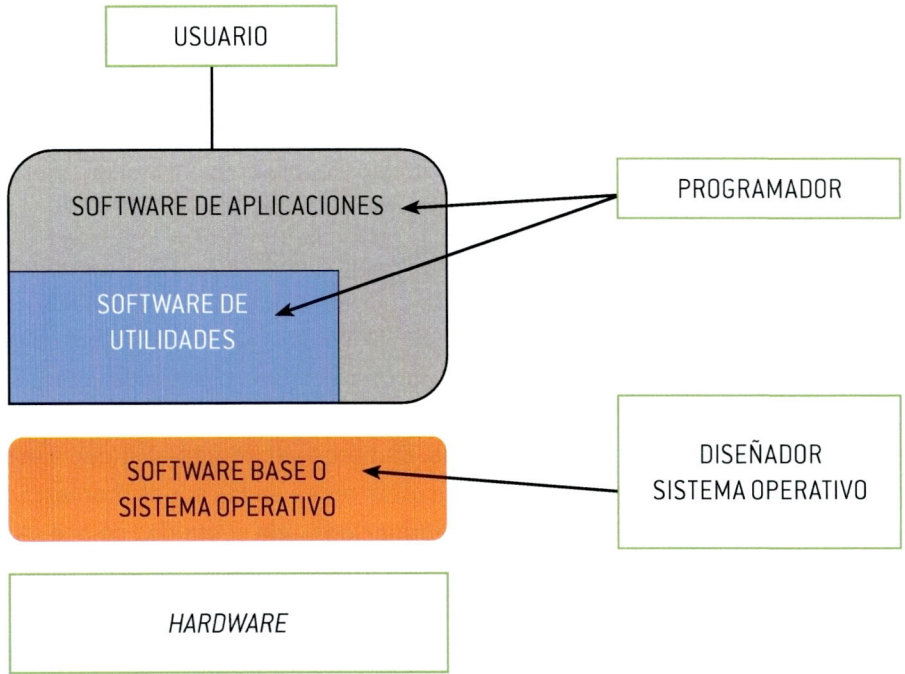

Figura 1.1. Esquema de aplicación informática.

Bajo este epígrafe hay dos conceptos que deben tenerse claros: aplicaciones microinformáticas e internet.

En general, una aplicación informática es un conjunto de programas escritos en lenguaje máquina que es capaz de interactuar con una máquina (ordenador en este caso). ¿El sistema operativo es una aplicación informática? Sí, pero el sistema operativo tiene una función específica; realizar labores de intermediación entre las aplicaciones genéricas y la propia máquina. ¿Se imagina que por cada aplicación informática se necesite crear los módulos necesarios para relacionarse con el propio ordenador? Sería económicamente inviable.

El sistema operativo será la aplicación base de cualquier ordenador. Es decir, todo ordenador necesitará de una aplicación *software* de carácter básico que permita al resto de aplicaciones microinformáticas (ofimáticas, específicas, contabilidad, facturación, control de almacén, navegadores web, etc.) interactuar con el ordenador. Tal como se muestra en la Figura 1.1 el usuario «lanza» una aplicación microinformática (por ejemplo, un procesador de textos) y si quiere interactuar con el ordenador (por ejemplo, guardar el documento en un dispositivo de almacenamiento masivo como es un disco duro conectado físicamente al ordenador) deberá hacerlo a través del sistema operativo.

El proceso mencionado sería: usuario pulsa el botón guardar documento, el procesador de textos comunica al sistema operativo la acción que se quiere realizar, el sistema operativo realiza diversas operaciones de control y verificación y le responde, si es posible la grabación procederá a realizar la grabación y notificará el resultado; por ejemplo, devolviendo una señal de grabación correcta o no que la aplicación sabrá interpretar.

El caso de internet debe englobarse en una sencilla frase: «es un conjunto descentralizado de redes de comunicación interconectadas que utilizan la familia de protocolos TCP/IP» (recogido de Wikipedia). ¿Qué quiere decir? Significa que no hay, estrictamente hablando, una jerarquía o pirámide invertida donde existe un ordenador o servidor central del cual dependen el resto de los servidores y ordenadores terminales. Distintos servidores atienden a sus propias redes y permiten la conexión de otras redes en las suyas propias. Se consigue una descentralización de la información y una seguridad de que esa información siga circulando, aunque una o varias de esas redes se caigan en un momento dado.

Para saber más:

Si el lector quiere saber más sobre Internet puede empezar a documentarse en la siguiente página de Wikipedia: https://es.wikipedia.org/wiki/Internet.

¿Los usuarios, desde su ordenador, pueden comunicarse con otros ordenadores a través de las aplicaciones microinformáticas? Sí, se hace de forma constante. Si se utilizan navegadores web, programas de correo electrónico, programas de mensajería (WhatsApp, HangOut), etc. Además, hay disponibles aplicaciones informáticas que pueden comunicarse con servidores a través de internet (Microsoft Office lo hace).

El lector debe conocer que el concepto de «aplicación microinformática» no puede aplicarse solo a los PC, ordenadores personales en general. Hoy en día se puede, y gracias a la evolución tecnológica, aplicar el concepto a otros dispositivos que en tamaño son menores, pero que muchas compañías han ido desarrollando versiones de sus productos para permitir su utilización en estos dispositivos. Por ejemplo, Google Drive tiene versiones para ordenadores personales, tabletas y *smartphones*. Además, se dispone de herramientas ofimáticas para leer, editar y crear documentos. Todo ello relacionado con un concepto tan extendido como «la nube».

Además, y abundando en el concepto de «nube», se puede disponer de escritorios virtuales. ¿Qué es un escritorio virtual? La virtualización de escritorio es un término que describe el proceso de separación entre el escritorio como zona de trabajo, que engloba los datos, y los programas que utilizan los usuarios de la máquina física en sí. El escritorio virtualizado, físicamente, es almacenado remotamente en un servidor central en lugar del disco duro (como suele ser habitual) del ordenador personal.

¿Qué implican los escritorios virtuales?

- El ordenador de trabajo no tiene que ser de última generación y puede ser un terminal liviano.

- Se puede conectar al escritorio virtualizado desde cualquier otro equipo. Es decir, no se depende de un equipo en concreto. Se podría conectar desde un PC, una tableta o un *smartphone*.

- Aumenta la seguridad de los escritorios y disminuye los costes de soporte.

- Mejora la seguridad de los datos.

1.1. Procesadores de texto, hojas de cálculo y edición de presentaciones

Tanto los procesadores de texto, hojas de cálculo y edición de presentaciones están, en la mayoría de los casos, integrados en paquetes ofimáticos.

Un paquete informático es un conjunto de aplicaciones y/o herramientas informáticas con una finalidad u objetivo común: el usuario puede realizar diversas tareas de carácter administrativo, presentaciones u otros tipos de trabajos con dichos programas.

Por ejemplo, un paquete ofimático es un conjunto de aplicaciones y/o herramientas de uso común en una oficina. Constaría de: procesador de textos, hoja de cálculo, presentaciones, programa de correo electrónico, agenda, etc. Otro tipo de paquete informático es un paquete contable donde se puede integrar: contabilidad, facturación, control de almacén, etc.

Ejemplos de paquetes ofimáticos: Microsoft Office, OpenOffice, LibreOffice, WordPerfect y otros.

¿Qué es un procesador de textos? El procesador de textos es un tipo de aplicación informática, integrada normalmente en un paquete ofimático, utilizado para la creación, edición, modificación y procesamiento de documentos de texto con formato (permitiendo formatear y dar forma al documento como el tipo de letra y tamaño, inserción de imágenes, inserción de objetos como archivos de hoja de cálculo, etc.). No se deben confundir con los editores de texto, ya que estos manipulan los documentos en texto plano.

En la Figura 1.2 se observa la cabecera de un procesador de textos (WordPerfect, la pionera y más avanzada en los inicios de Windows como sistema operativo en entorno gráfico).

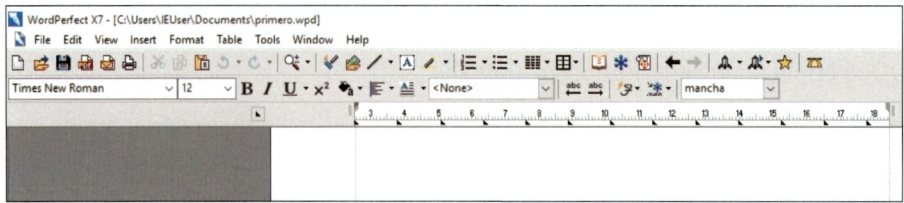

Figura 1.2. Procesador de textos WordPerfect.

Y, ¿una hoja de cálculo? Es un tipo especial de documento de inspiración matemática. En el cual se puede manipular datos numéricos y/o alfanuméricos. Los datos están dispuestos en una tabla compuesta por celdas (las cuales se suelen organizar en una matriz bidimensional de filas y columnas). La manipulación puede llegar a formar gráficas estadísticas a partir de una tabla de datos.

En la Figura 1.3 se puede apreciar la aplicación de hoja de cálculo del paquete ofimático de OpenOffice, Calc.

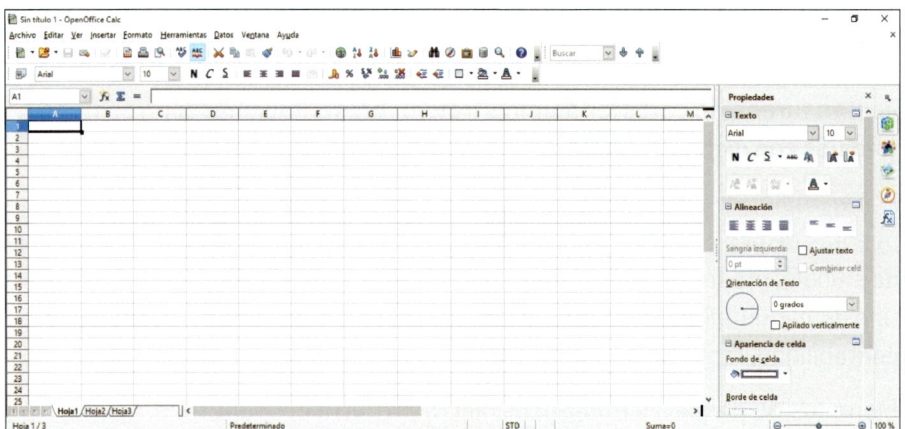

Figura 1.3. Hoja de cálculo OpenOffice.

Y en cuanto a las aplicaciones de presentaciones son un tipo de aplicación que edita un documento destinado para ser presentado, a modo de diapositivas, en un entorno de reunión como pueden ser: una clase, una conferencia, una ponencia, etc. Permite insertar imágenes y contenido multimedia en general. La aplicación más conocida en este tipo de presentaciones es PowerPoint de Microsoft, Figura 1.4, y es parte integrante del paquete ofimático Office.

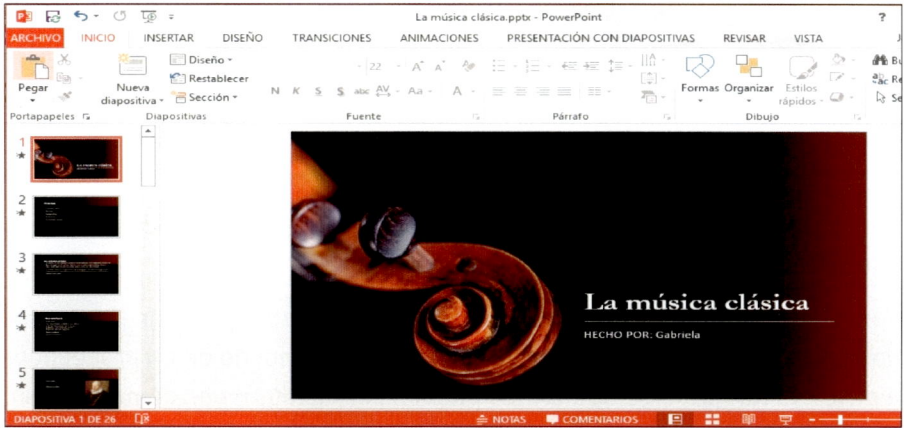

Figura 1.4. PowerPoint de Microsoft.

1.1.1. Manejo y conocimiento a nivel de usuario

Dentro de este apartado se desarrollará, parcialmente, el conocimiento de estas aplicaciones a nivel de usuario. Las aplicaciones que se desarrollan bajo este epígrafe se relacionan entre sí sin ningún problema al estar integradas en el propio paquete ofimático.

A medida que se va realizando la enseñanza se lleva a cabo una práctica que integre elementos de una hoja de cálculo con un documento creado en el procesador de textos. De esta manera, el lector entenderá parte del potencial de las aplicaciones utilizadas.

Si bien en diversos paquetes ofimáticos se encuentra un pequeño motor de base de datos, y que también es posible integrarlo en los documentos, no se desarrollará en el presente libro por estar fuera de su objetivo. El autor sugiere que el lector se documente al respecto para entender el potencial que le confiere al paquete ofimático.

Ejemplo de una combinación de procesador conectada a una base de datos: si una oficina desea enviar cartas a todos sus clientes sin necesidad de escribir los nombres y direcciones de todos y cada uno de estos clientes (circular). Esto podrá hacerlo si tiene una base de datos con los datos mencionados (nombre, dirección postal) pudiéndolo integrar en el documento que desea enviar sin realizar tantos documentos como clientes tiene la organización. Este ejemplo resume muy bien la integración de un documento escrito en un procesador de textos y con una base de datos cuyo motor está integrado en su propio paquete ofimático o bien relacionarse con el motor a través de controladores, como es el caso de ODBC (es un estándar de acceso a las bases de datos desarrollado por SQL Access Group en 1992).

Se tomará como referencia un paquete ofimático de libre distribución, OpenOffice versión 4.1.2. y el paquete ofimático Office 365 (en el momento de escribir el presente libro utiliza como base Office 2013).

Procesador de textos

Lo primero que debe conocerse es el nombre de las partes más importantes que se pueden encontrar en el procesador de textos.

Aunque dependiendo del propietario del producto habrá posiciones cambiadas en cuanto a los elementos, estos no diferirán mucho de un procesador a otro. Los formatos de OpenOffice pueden ser «leídos» por, como ejemplo, Word de Office, y viceversa. Esto será en la mayoría de las ocasiones, pero puede ocurrir que cambie parcialmente la posición de una imagen, el formato de un texto, etc. Pero no será nada grave.

Tanto el procesador Writer como Word tienen, en común, el uso del teclado para realizar tareas sobre el documento. A este tipo de combinación de teclas que realizan una acción determinada, sin pulsar con el cursor del ratón sobre la opción o herramienta determinada, se la denomina «atajo del teclado».

En la siguiente tabla aparecen todos los atajos de teclado y su correspondencia utilizando el ratón. Todos los atajos son comunes a los procesadores de textos que se ejemplifican en el presente libro. Además, cada procesador de textos tiene añadidos otros atajos de teclado. En este libro solo se presentan los más utilizados.

Teclas	Acción	Ratón
[INICIO]	Mueve el cursor al comienzo de la línea.	Posición del cursor del ratón y pulsando el botón izquierdo en el lugar deseado.
[FIN]	Mueve el cursor al final de la línea.	Misma acción que en el caso anterior.
[CTRL]+ [INICIO]	Mueve el cursor al comienzo del documento.	Misma acción que en el caso anterior.
[CTRL]+ [FIN]	Mueve el cursor al final del documento.	Misma acción que en el caso anterior.
[RePág]	Desplaza el foco activo del documento hacia abajo.	Rueda del ratón hacia abajo.

Teclas	Acción	Ratón
[AvPág]	Desplaza el foco activo del documento hacia arriba.	Rueda del ratón hacia arriba.
[TECLA CURSOR]	Mover el cursor a través del documento.	Misma acción que en el caso anterior.
[MAY]+[CURSOR]	A partir de la situación del cursor lo utilizamos para seleccionar de texto. Lo utilizamos para: copiar, mover, borrar.	Mientras se pulsa botón izquierdo arrastrar el ratón hasta cubrir el contenido deseado.
[CTRL]+X	Corta los elementos seleccionados.	A través de menú contextual.
[CTRL]+C	Copia los elementos seleccionados.	A través de menú contextual.
[CTRL]+V	Copia o mueve aquello que previamente hemos seleccionado.	Botón derecho. Aparece un menú contextual en el cual podemos seleccionar la acción requerida.
[CTRL]+Z	Deshace los cambios realizados.	No hay acción con el ratón. Debe realizarse con botón u opción de herramientas.
[CTRL]+Y	Rehacer cambios borrados.	Igual que en el caso anterior.
[CTRL]+A	Apertura de un archivo.	Mismo caso.
[CTRL]+G	Guardar archivo.	Mismo caso.
[CTRL]+N	Texto en negrita.	Mismo caso.
[CTRL]+K	Texto en cursiva.	Mismo caso.
[CTRL]+S	Texto subrayado.	Mismo caso.
[TAB]	Aumentar sangría.	Mismo caso.
[CTRL]+[CURSOR IZQ.]	Desplazarse una palabra hacia la izquierda.	Mismo caso.

Teclas	Acción	Ratón
[CTRL]+[CURSOR DER.]	Desplazarse una palabra hacia la derecha.	Mismo caso.
[CTRL]+[MAY]+[CURSOR]	Selección múltiple por palabras.	Mismo caso.
[CTRL]+E	Selección de todo el documento.	Mismo caso.
[CTRL]+P	Imprimir.	Mismo caso.

Writer de OpenOffice 4.1.2

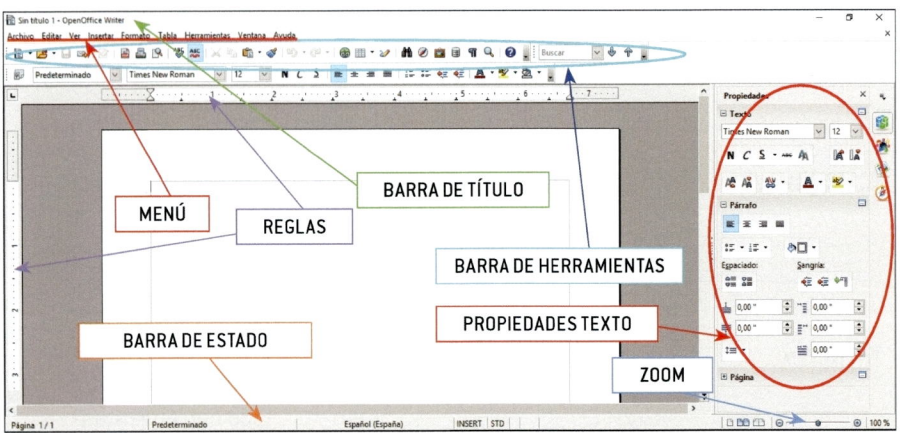

Figura 1.5. Disposición de las herramientas del Writer.

BARRA DE TÍTULO: en la barra de título aparece el nombre del documento, si lo tuviera, y, en la esquina superior derecha, los tres botones: minimizar, maximizar y cerrar.

MENÚ: el menú permite, a través de secuencias por selección, elegir qué se desea hacer en el ámbito del documento o zona seleccionada. Así, se dispone de:

- Archivo: que serán opciones referidas a la acción con el documento: nuevo, abrir, documentos recientes, guardar, guardar como, cerrar, etc.

- Editar: son opciones referidas al texto como: búsqueda de un texto dentro del documento, reemplazar un texto por otro dentro del documento, cortar, pegar, borrar, etc.

- Insertar: en este grupo de opciones se encuentra la posibilidad de insertar distintos tipos de objetos tales como: encabezado de página, pie de página, comentarios sobre un párrafo (también llamados «globos» donde se indica, por ejemplo, la fuente de un párrafo, imagen insertada, etc.), marca de texto, imágenes desde un archivo, etc.

- Formato: este grupo de opciones contiene diferentes opciones referentes a los formatos del contenido del documento, ya sea total o parcialmente mediante selección. Así, se dispondrá de la opción «Carácter» donde se podrá modificar aspectos tales como: fuente, efectos de la fuente, posición, hiperenlace y fondo (color). En el apartado «Párrafo»: sangrías y espacios, flujo del texto, esquema y numeración, tabuladores, iniciales (de texto) y borde.

- Tabla: esta opción aglutina otras referidas a la construcción de tablas. Se podrán crear tablas, insertar filas y columnas, borrar filas y columnas, fusionar celdas, trabajar con macros, resolución de fórmulas matemáticas, etc.

- Herramientas: en este conjunto de opciones se podrá comprobar la ortografía; cambiar de idioma; contar las palabras del documento; indicar los esquemas de numeración; numeración de las líneas, pie de páginas y notas; insertar imágenes de la galería; crear una base de datos bibliográfica; asistente para combinar correspondencia (necesita una base de datos), etc.

- Ventana: aglutina una serie de opciones referentes a las ventanas de uno o más documentos.

- Ayuda: aglutina opciones referentes a la ayuda sobre el procesador de textos y versión del procesador.

> **Debes saber...**
>
> Para modificar el formato predeterminado del documento, deberás acceder a la opción herramientas→opciones. En el cuadro de diálogo pulsarás y desplegarás (pulsar sobre el signo «+»), en su parte izquierda, sobre la opción «OpenOffice Writer».
>
> Elegir la opción deseada, por ejemplo «Fuentes básicas (occidentales)», y modificar los valores que deseemos que estén predeterminados en nuestros documentos. Acto seguido pulsar «Aceptar».

BARRA DE HERRAMIENTAS: el planteamiento de la barra de herramientas es ofrecer un acceso mucho más rápido a opciones que se pueden obtener a través del menú mencionado anteriormente. El lector puede comprobar la disposición de la barra de herramientas en la Figura 1.5. Por ejemplo, el primer icono permite crear un nuevo documento sin cerrar el actual. El lector puede fijarse que hay una pequeña flecha en alguno de los accesos rápidos, si pulsamos dicha flecha se desplegarán otras opciones posibles relacionadas con la opción del acceso rápido.

REGLAS: actualmente, los procesadores más relevantes disponen de una regla horizontal y otra vertical. Estas reglas actúan como guía que permite conocer, con mayor precisión que sin activarlas, la posición del documento activo dentro del papel imaginario que representa el encuadre donde se está escribiendo. Además, se puede definir elementos de formato (tabuladores, sangrías, dimensiones de tablas, espaciados dentro de párrafos, etc.).

Es posible que no estén activadas, se hará mediante el acceso a MENÚ→VER→REGLA. Igualmente, si se desea desactivarla se hará el mismo proceso.

PROPIEDADES DE TEXTO: por indicar un símil, si el lector ha entendido la barra de herramientas, las «propiedades de texto» es exactamente lo mismo, pero aplicado a las propiedades del documento y siempre referido al texto: bien sea texto alfanumérico, al párrafo o a la página.

BARRA DE ESTADO: en esta zona se puede observar información tal como número de páginas en total y en qué página está situado. Por ejemplo, «Página 3/20» indicará que se está situado en la página número 3 y el documento contiene 20 páginas. Haciendo doble «clic» con el ratón sobre la zona aparecerá un cuadro de diálogo que permite cambiar de página y seleccionar distintos tipos de objetos que pueda contener el documento.

También se observará el estilo de página seleccionado. *A priori* será «Predeterminado», que se podrá cambiar realizando un doble «clic» con el ratón sobre la zona.

También se dispondrá del tipo de teclado y corrector ortográfico que se podrá cambiar pulsando un simple «clic» sobre la zona.

Asimismo, nos indica si se está en modo «inserción» de texto o en modo «sobre escritura». Y, además, se podrá indicar si se desea que la selección sea libre, por bloqueo (esta opción no es de uso común). También se tiene la posibilidad de observar si, seguidamente, se encuentra con una marca la cual indica si el contenido del documento ha sido modificado.

ZOOM: en esta zona del documento se encontrará con una barra de ampliación o disminución del texto. Esto no implica que, a la hora de imprimir, el documento resulte más grande o no, simplemente permitirá ver, por ejemplo, cómo queda la página entera, la distribución de los párrafos, etc.

También, en esta zona, se encuentra con tres pequeños iconos que representan páginas de un documento. Donde hay una página indica que se ve solo una página, dos páginas, se verán simultáneamente dos páginas y la siguiente, en formato contraportada.

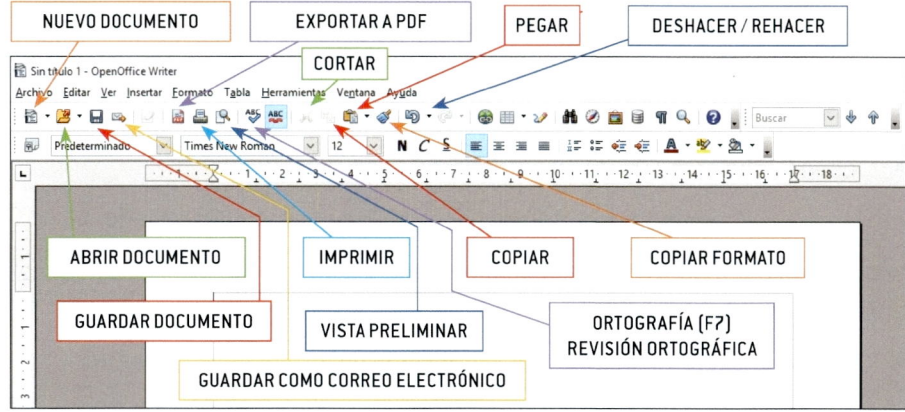

Figura 1.6. Barra de herramientas del Writer.

En la figura 1.6 vienen indicadas algunos de los elementos más utilizados de la barra de herramientas de Writer. El lector podrá comprobar que algunas funciones pueden realizarse mediante el atajo de teclado.

Word de Office 365

El lector debe saber que Word de Office 365, y desde la versión 2013, está diseñada para trabajar en modo escritorio (en el equipo personal) y en la web. Además, se podrá editar el documento que se genere a través de la web desde el sitio OneDrive. Esto es así siempre y cuando se guarde una copia u original en «la nube».

Figura 1.7. Títulos de Word.

BARRA DE ACCESO RÁPIDO: en la barra de acceso rápido se encontrará con el nombre del documento en el centro zonal.

A su izquierda aparece una serie de iconos con una función específica:

- Icono Word: menú de ventana Windows.

- Icono disquete: guardar documento.

- Icono flecha hacia la izquierda: deshacer cambios. La flecha (pequeña) que está anexa al icono permite realizar cambio de función.

- Icono flecha circular: repetir escritura.

- Icono flecha: personalizar barra de herramientas de acceso rápido.

Los iconos de la derecha realizan las siguientes acciones (por orden de izquierda a derecha):

- Icono interrogante: ayuda sobre funciones del procesador de textos.

- Icono recuadro con flecha interior: permite cambiar el formato de presentación de menú y la barra de herramientas.

- Siguientes tres iconos: minimizar el documento, maximizar el documento y cerrar el documento.

MENÚ: está integrado directamente con la barra de herramientas. Word pretende, con este procedimiento, aunar la opción global con iconos representativos de la función para la que están diseñadas. Consigue el efecto de crear una ilusión de elegir las opciones de forma intuitiva. Así:

- Inicio: la barra de herramientas de este grupo corresponde a la que habitualmente se denomina «edición».

- Insertar: los elementos más importantes son: crear tabla, insertar imágenes, crear formas (recuadros, flechas, simbología de organigramas, etc.), apartado de tienda de Office, encabezado y pie de páginas, número de páginas, cuadros de texto, etc.

- Diseño: con la barra de herramientas de esta opción se podrá modificar total o parcialmente el aspecto del documento. También se podrá cambiar el color, las fuentes, el espaciado entre párrafos y efectos. Además, cambios en el fondo de página como: marca de agua, color de página y bordes de página.

- Diseño de página: en este caso, la diferencia con la opción anterior es que se aplica a la página que tiene el foco. Por ejemplo, si se desea que la página activa tenga la orientación de «apaisada» u horizontal con respecto al resto de páginas que son verticales, o viceversa. Se podrá indicar que en la página haya varias columnas por si se desea darle un aspecto periodístico, etc.

- Referencias: aquí se encuentran distintas opciones para realizar tareas como: crear índice o también llamado «tabla de contenidos», nota al pie de página, inserción de citas, tabla de ilustraciones, etc.

- Correspondencia: este grupo de opciones permite realizar acciones encaminadas a imprimir sobres personalizados, enlazar con una base de datos e imprimir, también, documentos personalizados. En cuanto a la personalización, se refiere a la inserción de campos de una o varias tablas accesibles a través de una base de datos, tanto de Access como de otro motor a través de ODBC o enlace directo a través de controladores.

- Revisar: en este punto se dispone de herramientas para la revisión del documento como: ortografía, obtener la definición de una palabra, sinónimos o contador de palabras. También se dispone de traductor y permite cambiar de idioma. Se dispone también de un apartado de comentarios donde se podrá incorporar «globos» indicando algún comentario sobre un párrafo, por ejemplo, procedencia del documento, anotaciones para edición, comentarios para una posterior revisión, etc. Además, se dispone de herramientas de seguimiento y control de cambios.

  También dispone de control de edición en el aspecto de protección a modificaciones. El motivo es que un documento puede ser colaborativo. Es decir, un mismo documento puede ser construido por más de una persona simultáneamente y se debe controlar las versiones, contenidos y los controles de acceso.

- Vista: en este apartado se encuentran opciones en cuanto a la visualización del documento. Por ejemplo, tipo de «modo de lectura». También se podrá seleccionar, si se desea, que muestre las reglas, las cuadrículas (tal como se ve en la imagen de la Figura 1.7 que aparece de fondo) y el panel de navegación. Dispone, también, de detalles como el *zoom* del documento, visualizar una página del documento o varias páginas, etc. Además, se puede habilitar una nueva ventana, ver los documentos en paralelo de forma sincronizada o no (mover ambos documentos con una barra de desplazamiento). Inclusive se pueden escribir macros.

Para saber más:

El lector se habrá fijado que en algunos grupos de opciones de la barra de herramientas aparece, en la esquina inferior derecha, un pequeño recuadro con una flecha. Bien, esto indica que existen más opciones referidas al grupo de opciones.

Por ejemplo, si se desea cambiar las fuentes predeterminadas del documento ha de situarse sobre la opción «INICIO» y, en las opciones de «Fuente», pulsar sobre la flecha antes mencionada. Podrá modificar los aspectos y opciones que interesen y si desea que se aplique a todo el documento pulsar sobre el botón «Establecer como predeterminado».

REGLAS: igual que en el caso del procesador de textos de OpenOffice, Writer, el procesador Word dispone de una regla horizontal y otra vertical. Estas reglas tienen la función de actuar como guía para conocer la posición del documento activo dentro del papel imaginario que representa el encuadre donde se está escribiendo. Además, puede definir elementos de formato (tabuladores, sangrías, dimensiones de tablas, espaciados dentro de párrafos, etc.).

BARRA DE ESTADO: en esta zona puede observar información tal como, número de páginas en total y en qué página está situado el cursor del documento. Por ejemplo, «PÁGINA 11 DE 13» indicará que está situado en la página número 11 y el documento contiene 13 páginas. Indica, a continuación, cuántas palabras se han escrito en el documento. Y si pulsa con el cursor del ratón sobre el contador de palabras aparecerá un cuadro de diálogo con más detalle del contador de palabras: nos cuenta palabras, párrafos, caracteres, etc.

A continuación, dispone de un pequeño icono que lanzará una herramienta que buscará errores de revisión.

En su parte derecha (de derecha hacia la izquierda) se dispone de una pequeña barra con la cual podrá realizar *zoom* sobre el documento.

A su izquierda hay tres iconos que representan textos cuya utilidad es cambiar el formato de visualización del documento: modo lectura (izquierda), diseño de impresión —habitual— (centro) y modo diseño web (derecha).

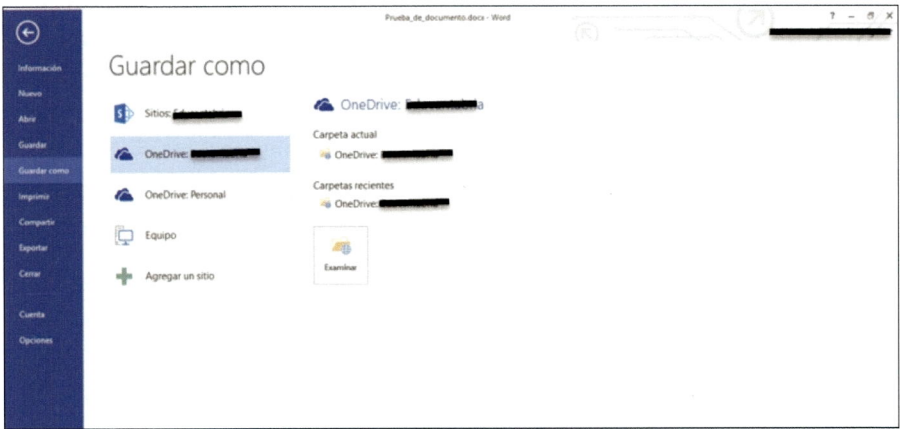

Figura 1.8. Archivado en Word.

ARCHIVO: una ventaja con respecto a Office 365 (o desde su versión de 2013) es la posibilidad de guardar un documento tanto en un dispositivo de almacenamiento conectado al propio ordenador como guardarlo en «la nube» a través de OneDrive (https://login.live.com). En la opción de «ARCHIVO» que, siendo la primera opción, el autor prefiere tratarlo al final. Si se pulsa sobre la opción indicada aparecerá un cuadro gráfico similar al que se muestra en la Figura 1.8. El autor accedió a la aplicación indicando sus credenciales, de ahí que aparezcan los distintos sitios donde poder guardar el documento.

Las diferentes opciones son:

- Información: informa de los detalles del documento. Tanto del documento como de los usuarios que han participado en su confección.

- Nuevo: opción donde se puede crear un documento en blanco o con un formato prediseñado incluido en el paquete de Office.

- Abrir: selección de un documento para su posterior apertura en la aplicación.

- Guardar: opción que permite guardar el documento tanto en el equipo de trabajo como en una ubicación en «la nube».

- Guardar como: en este caso se puede cambiar o copiar el documento en otra ubicación local (dispositivos de almacenamiento masivo conectados al ordenador de trabajo) o externa como la ya mencionada «nube». Además, es posible cambiar el formato del archivo. Por ejemplo, exportarlo a PDF o HTML o DTD, etc.

- Imprimir: la impresión del documento en una de las impresoras disponibles.

- Compartir: si el documento está pensado en la implicación o participación de más personas en la redacción del documento, se puede indicar quiénes pueden leer o editar el documento. El lector seguro que habrá entendido que, para que el documento esté disponible, debe estar en una ubicación externa al ordenador donde se ha creado. Se puede compartir a través de una invitación vía correo electrónico, obtención de un vínculo web, etc.

- Exportar: convertir el documento a un formato PDF o XPS.

- Cerrar: cerrar la aplicación.

- Cuenta: información de la cuenta de acceso. Se puede cerrar la conexión o abrirla con otra cuenta.

- Opciones: en este apartado se obtienen las opciones generales de la propia aplicación como: generales (opciones de interfaz, por ejemplo), mostrar (opciones de presentación de la página, por ejemplo), revisión, guardar, etc.

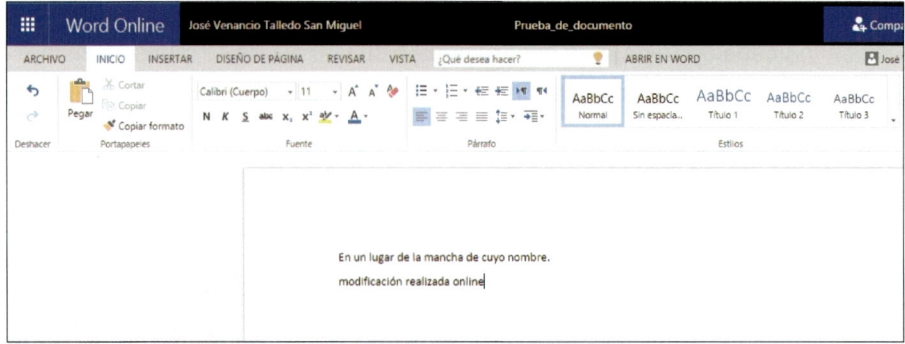

Figura 1.9. Ejemplo de compartición en Word.

Como ejemplo de compartición de documentos o bien modificación *online* se puede observar en la Figura 1.9. Este sistema tiene múltiples ventajas. Las más importantes son: posibilidad de compartición de documentos sin necesidad de utilizar una aplicación nativa (Word en un ordenador) a través de la red, transporte de documentos sin necesidad de dispositivos de almacenamiento (solo es necesario conectarse a internet con un navegador y autenticarse con las credenciales de acceso), edición de documentos ampliando su contenido o rectificando, puesta en común sin necesidad del transporte (teletrabajo), etc.

Figura 1.10. Iconos sin leyenda.

El lector observará, en la Figura 1.10, que los elementos marcados, y alguno más, no poseen leyenda sobre su funcionalidad. Una novedad con respecto a Writer de OpenOffice es que muchos elementos de la barra de herramientas tienen una leyenda indicando u orientando sobre la funcionalidad del botón en sí. Por poner un ejemplo, si se busca un elemento que sugiera el acto de «pegar» aquello que está guardado en el «portapapeles» se encontrará en el icono en forma de tabla de pinza para portafolios con un folio fuera de él. Si no se tiene claro se podrá observar que contiene una leyenda que se llama «Pegar».

También, en su parte derecha, se encuentran las opciones de buscar, reemplazar y seleccionar. Y se observa también que contiene una leyenda orientativa. El atajo por teclado para estas opciones es [CTRL]+B.

Hojas de cálculo

En el caso de las hojas de cálculo, los atajos de teclado son prácticamente iguales a los mencionados anteriormente para los procesadores de textos. Solo que, al trabajar con formatos de celdas, las selecciones se realizan sobre celdas a no ser que se edite la celda y se seleccione el contenido.

Igual que en el apartado de procesadores de texto, se trabajará con la hoja de cálculo de OpenOffice, Calc, y con la hoja de cálculo de Office, Excel. Básicamente, el funcionamiento de las hojas de cálculo es muy similar y en muchos casos no habrá ningún problema de adaptación a la hora de trabajar con una aplicación u otra.

Primero se verán conceptos que son comunes a ambas hojas de cálculo.

Cuando se crea un documento se llama libro. El libro está compuesto de hojas que se podrán ir añadiendo a medida que se vayan necesitando. Tienen en común, ambas aplicaciones, que el nombre por defecto es hoja[número de hoja]. Se podrá cambiar el nombre bien con el ratón (botón derecho teniendo el cursor sobre el nombre de la hoja y, una vez desplegado el menú contextual, se elige «cambiar nombre a la hoja»).

El lector puede ver un ejemplo de presentación de Calc en la Figura 1.6. Observará que hay muchas similitudes y se sentirá familiarizado, en cuanto a edición se refiere, con el procesador de textos Writer. Solo cambia la funcionalidad de la aplicación pues su contenido es específicamente como hoja de cálculo.

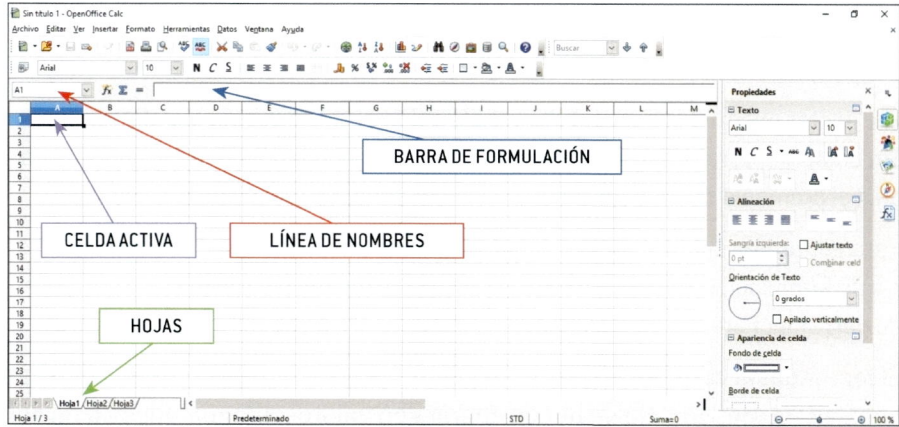

Figura 1.11. Referencias a elementos utilizados en Calc.

En la Figura 1.11 se observa la misma imagen que la Figura 1.6 pero indicando las partes más llamativas de la hoja de cálculo. El lector observará que las celdas pueden ser referenciadas a través de su fila y de su columna. Las filas están numeradas correlativamente y las columnas siguen el orden del abecedario ASCII (se sigue el abecedario anglosajón).

- BARRA DE FORMULACIÓN: informa del valor que contiene la celda activa. El lector observará que, si la barra de formulación tiene una asignación, por ejemplo, =**B3+5**, la celda mostrará el resultado y no la fórmula.

- LÍNEA DE NOMBRES: son los nombres de las celdas. El lector debe saber que se puede cambiar el nombre de la celda (por defecto será la conjunción de las coordenadas). Si observa el lector la Figura 1.11 verá que hay una celda activa en las coordenadas A1, ¿qué nombre ve en la celda de «línea de nombres»? Por supuesto, A1. Bien, si se accede a esa línea y modifica el nombre, pulsando «intro» para fijar el nombre, se tendrá asignado un nombre a una celda o bien a una selección de celdas.

- CELDA ACTIVA: celda en la que se puede insertar un valor, numérico o alfanumérico, o bien una «fórmula». Entiéndase fórmula no como una fórmula matemática o física, sino como el resultado de una operación matemática donde pueden entrar valores fijos y/o enlaces a celdas.

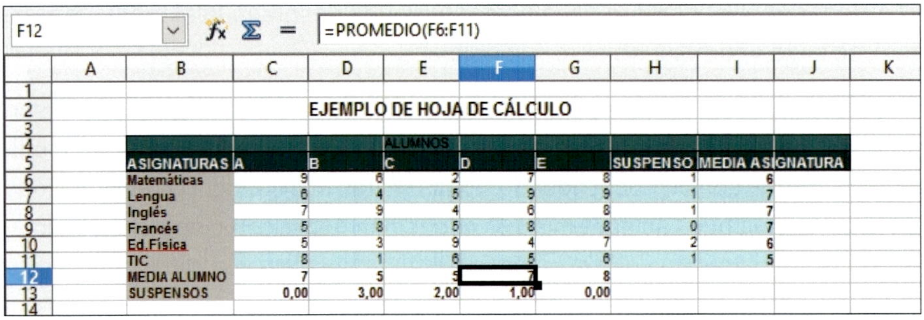

Figura 1.12. Ejemplo de uso en Calc.

Si el lector observa la Figura 1.12 verá la celda activa con un valor determinado. Sin embargo, verá la barra de formulación en la cual aparece una fórmula que calcula el promedio de las celdas comprendidas entre la celda F6 y F11 inclusive.

Para editar una celda se puede realizar, bien llevando el cursor del ratón a la barra de formulación, bien pulsando la tecla F2 o bien doble clic con el botón izquierdo del ratón. Para fijar la modificación simplemente se pulsará la tecla «intro».

El lector observará también que se puede insertar valores numéricos y valores alfanuméricos. No se puede operar con valores alfanuméricos a no ser que estas celdas contengan fórmulas.

La edición del contenido es idéntica a como se realiza con cualquier tipo de editor realizando varias salvedades:

- Eliminación del contenido de una celda: selección de la celda o grupo de celdas, pulsado de la tecla [SUPR].

- Borrado de una fila o columna: selección de la fila (pulsando con el ratón sobre el número de la fila será suficiente) o columna (pulsando con el ratón sobre la letra de la columna será suficiente). Con el botón derecho del ratón, en el menú contextual, elegir eliminar fila o columna según corresponda.

- Inserción de una fila o columna: igual que en el caso anterior, pero seleccionando insertar.

Siguiendo con el ejemplo de la Figura 1.12, el lector puede que se pregunte por la fórmula que se utiliza y cuál es la forma de usarla. Las fórmulas son operaciones sobre valores fijos numéricos, valores fijos sobre celdas y valores sobre celdas. Para realizar una operación o fórmula debe comenzar con el símbolo «=», tal como aparece en la barra de formulación. Este igual es un valor de asignación. Pretende representar que el resultado de la operación que está a su derecha generará una salida que quedará «impresa» en la celda que lo contiene. En las operaciones pueden incluirse funciones ya predefinidas en la propia hoja de cálculo, tal como se ve en la barra de fórmulas de la Figura 1.12. Las fórmulas pueden ser tan complejas como se necesiten.

Siguiendo con el ejemplo, =promedio(F6:F11), indica que hallará el promedio o media aritmética de la suma de las celdas comprendidas entre F6 y F11 y las dividirá por el número de elementos que lo contiene. Otra forma de indicarlo sería, =suma(F6:F11)/contar(F6:F11), en este caso suma los contenidos de las celdas seleccionadas y las divide entre el resultado de contar el número de celdas comprendidas entre F6 y F11. Tanto «promedio» como «suma» y «contar» son **funciones predefinidas** en la hoja de cálculo. Estas funciones permiten facilitar las tareas de formulación del usuario.

Al lector le conviene conocer las funciones más significativas de la hoja de cálculo que vaya a utilizar.

Ordenación de los resultados

En el caso de desear ordenar los datos que se manejan podrá seleccionar los datos afectados, bien sean datos alfanuméricos o bien numéricos, y acceder al menú de datos y seleccionar Ordenar. Aparecerá un cuadro de diálogo donde se seleccionarán las condiciones de ordenación.

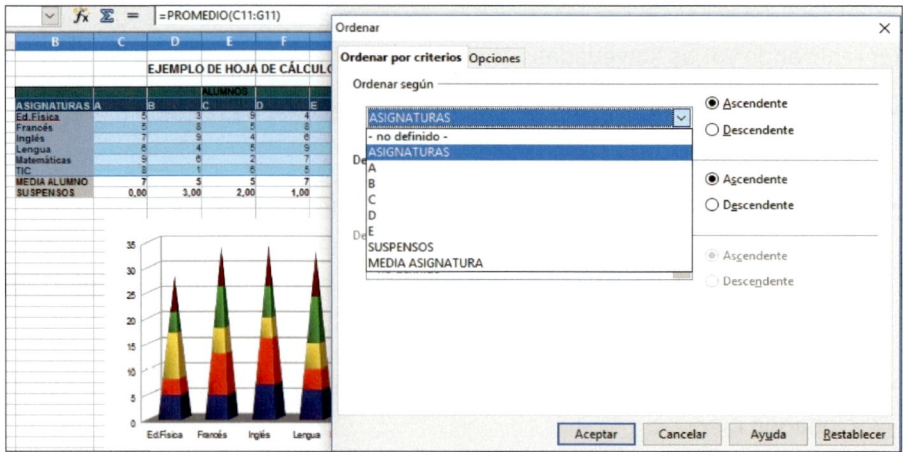

Figura 1.13. Ejemplo de construcción de gráfico.

En la Figura 1.13 se muestra un ejemplo. Se han seleccionado los datos que se desean y se vean afectados por la ordenación y se elige la columna por la que debe regirse la ordenación. El resto de los datos «acompañarán» en su ordenación. En el ejemplo se aprecia que ha ordenado la columna de ASIGNA-TURAS y los datos han «acompañado» en el movimiento. No tendría ningún sentido ordenar una columna si el resto de las columnas con sus celdas están inalteradas, sus resultados no tendrían ningún valor intrínseco.

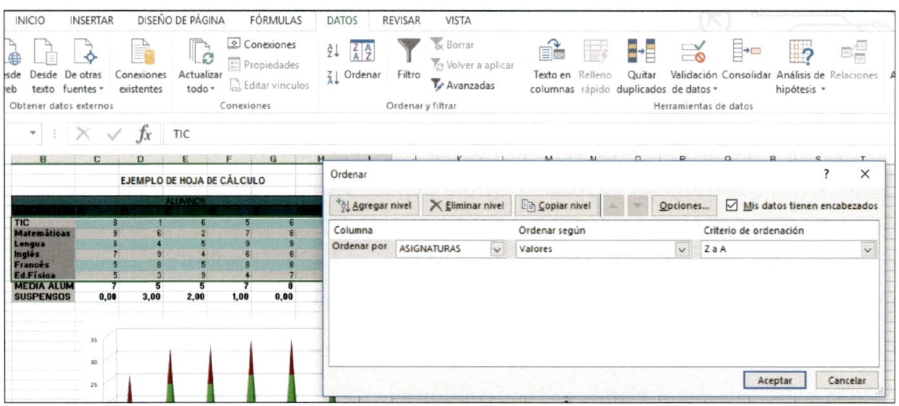

Figura 1.14. Compatibilidad de archivos entre aplicaciones.

En la Figura 1.14 se ha procedido, a través de la carga del mismo archivo con el cual se realizó la hoja de cálculo con la aplicación Calc de OpenOffice, a realizar una ordenación, pero de mayor a menor de la misma columna. Se ha realizado con la aplicación de Excel 2013. Aunque el entorno de trabajo cambia los resultados son iguales.

Presentaciones

La presentación mediante diapositivas construidas con una aplicación como Impress de OpenOffice o PowerPoint de Office es una práctica expositiva muy utilizada actualmente. Permite al ponente abundar en la exposición, por ejemplo, sobre un tema, apoyándose en imágenes alegóricas o pequeños gráficos o índices que permite al público entender mejor al ponente y hacerse una idea de lo que quiere transmitir en todo momento. No solo se puede trabajar con los objetos mencionados anteriormente, también puede insertarse elementos externos como una película, un enlace a un documento externo como un vídeo de YouTube o Vimeo, así como elementos sonoros como música, etc.

Es una herramienta muy útil para el ponente pues lo ayuda en el aspecto de seguimiento del hilo conductor del tema viendo en todo momento en qué parte expositiva se encuentra.

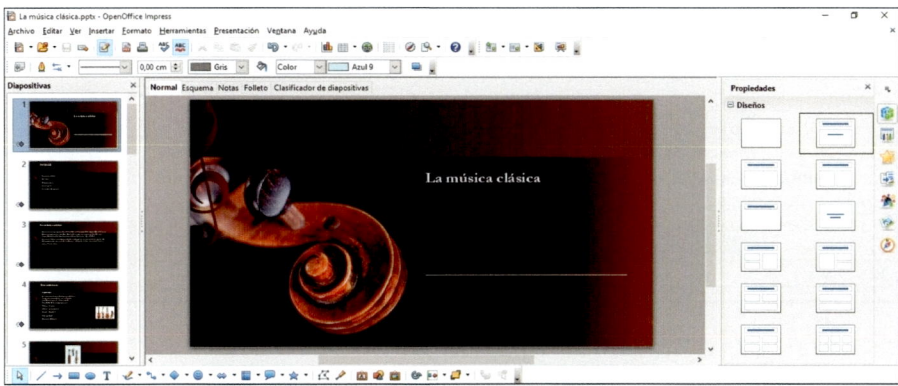

Figura 1.15. Ejemplo de diseño de una presentación en Impress.

En la figura 1.15 podemos observar el diseño de un archivo de presentación. A la izquierda se encuentran todas y cada de las diapositivas. En su parte central podemos editar la diapositiva seleccionada. En su parte derecha disponemos de los distintos diseños de diapositivas preconstruidas. Este editor corresponde a la aplicación Impress de OpenOffice.

El lector puede comparar esta figura con la aportada como figura 1.4 y que corresponde a PowerPoint de Office 2013. Verá que, globalmente, son similares en cuanto a su edición.

En la Figura 1.15 se puede observar el diseño de un archivo de presentación. A la izquierda se encuentran todas y cada de las diapositivas. En su parte central se podrá editar la diapositiva seleccionada. En su parte derecha se disponen los distintos diseños de diapositivas preconstruidas. Este editor corresponde a la aplicación Impress de OpenOffice.

El lector puede comparar esta figura con la aportada como Figura 1.4 y que corresponde a PowerPoint de Office 2013. Verá que, globalmente, son similares en cuanto a su edición.

Normalmente, las aplicaciones de un paquete ofimático tienen elementos comunes en cuanto a la distribución del menú y su barra de herramientas. Esto permite que el usuario se familiarice con dichos elementos y no tenga que aprenderse, por cada aplicación, su ubicación. Así, por ejemplo, el grupo de opciones «Archivo» el usuario de la aplicación sabe a qué se refiere porque lo aprendió, por ejemplo, de la aplicación Writer. Y, de igual modo, en la barra de herramientas identifica claramente cuál es el icono de grabación del archivo.

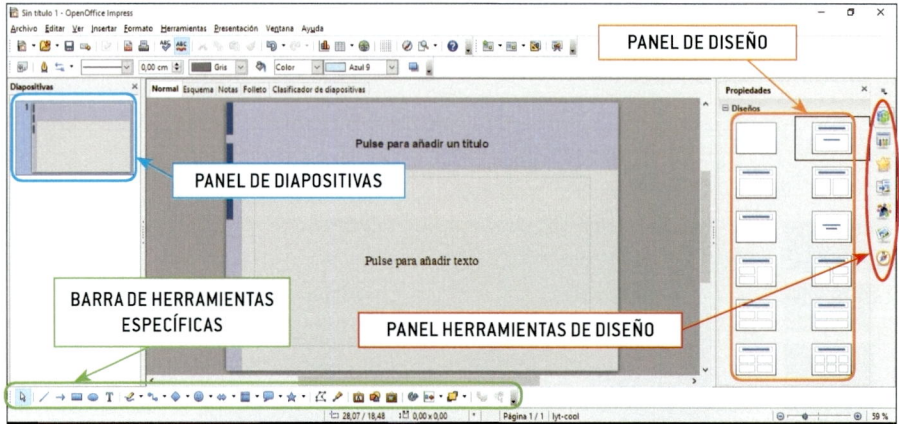

Figura 1.16. Leyendas de herramientas de Impress.

En la Figura 1.16 (Impress de OpenOffice) el lector observará cómo puede encontrarse con un conjunto de diapositivas vacía, sin contenido, cuando procede a indicar que se crea una presentación nueva. Antes de llegar a la imagen que el lector observará debe realizar una serie de selecciones mediante sucesivos cuadros de diálogo. Por ejemplo, le solicita si quiere el documento en blanco, si la presentación tiene algún diseño predefinido, etc. El lector puede seleccionar unas características que puede cambiar posteriormente.

¿Qué función tiene cada uno de los apartados?

- PANEL DE DIAPOSITIVAS: están reflejadas el orden de presentación de cada una de las diapositivas. Podrá seleccionar aquella que se quiera editar (pulsando el botón derecho aparecerá un menú contextual donde se podrá seleccionar: nueva diapositiva, borrar diapositiva, cambiar nombre a la diapositiva, diseño de la diapositiva, estilo de diapositiva, transición de diapositivas, ocultar diapositiva, cortar y copiar). También es posible insertar nueva diapositiva (botón derecho del ratón en la zona, pero sin seleccionar diapositiva y aparecerá un menú contextual, seleccionando nueva diapositiva) o bien eliminar (seleccionando diapositiva, tecla suprimir).

- PANEL DE DISEÑO: diseños predefinidos donde es posible cambiar la apariencia de la diapositiva que se esté editando. Una vez que se pulse sobre el icono escogido tendrá un efecto visual inmediato.

- PANEL HERRAMIENTAS DE DISEÑO: según la selección cambiará las propiedades del panel de diseño permitiendo escoger la opción deseada.

- BARRA DE HERRAMIENTAS ESPECÍFICAS: son pequeñas funciones sencillas de carácter gráfico predefinidas como, por ejemplo, inserción de flecha, globo, formatos de palabras, etc.

- CUERPO DE LA DIAPOSITIVA: es la edición de la diapositiva. Su tratamiento es similar al de un documento de una página. Podremos insertar texto con formato, imágenes, tablas, etc.

Para «lanzar» la presentación o ver cómo se verá nuestra presentación se pulsará, en el teclado, la tecla de función F5. Abrirá, a pantalla completa, la presentación. Si no se indica que la presentación es automática se procederá a pasar de una diapositiva a otra mediante el botón del ratón o mediante la tecla flecha derecha. Para terminar la presentación podrá realizarse pulsando la tecla [ESC].

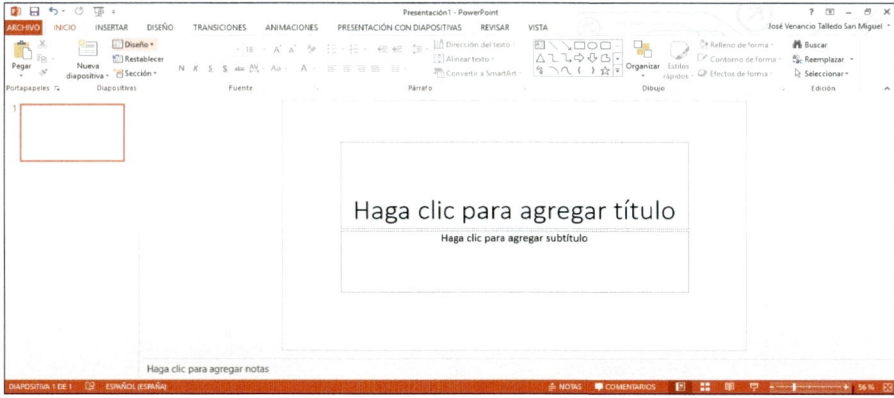

Figura 1.17. Comparativa de PowerPoint con Impress.

En la Figura 1.17 observará el lector la edición de una presentación nueva en PowerPoint 2013. Podrá observar las diferencias con respecto a la Figura 1.16. Si bien las diferencias en su parte de edición son similares, la ubicación del PANEL DE DISEÑO se encuentra en su parte superior (DISEÑO) teniendo, prácticamente, las mismas funcionalidades que en la aplicación Impress de OpenOffice. La BARRA DE HERRAMIENTAS ESPECÍFICAS de Impress se podrá encontrar en la opción INICIO.

Aparte de lo ya mencionado, PowerPoint 2013 dispone de barra de herramientas en las siguientes opciones: INSERTAR, TRANSACCIONES, ANIMACIONES, PRESENTACIÓN CON DIAPOSITIVAS, REVISAR y VISTA.

1.1.2. Técnicas de elaboración de documentación técnica

Cualquier producto necesita el apoyo de una documentación. En el caso de las aplicaciones informáticas por partida doble. Necesita documentación técnica destinada a los miembros del propio equipo de desarrollo y aquella destinada al cliente final que pondrá finalmente en producción el producto informático.

```php
<?php

// This file is part of Moodle - http://moodle.org/
//
// Moodle is free software: you can redistribute it and/or modify
// it under the terms of the GNU General Public License as published by
// the Free Software Foundation, either version 3 of the License, or
// (at your option) any later version.
//
// Moodle is distributed in the hope that it will be useful,
// but WITHOUT ANY WARRANTY; without even the implied warranty of
// MERCHANTABILITY or FITNESS FOR A PARTICULAR PURPOSE.  See the
// GNU General Public License for more details.
//
// You should have received a copy of the GNU General Public License
// along with Moodle.  If not, see <http://www.gnu.org/licenses/>.

/**
 * Moodle frontpage.
 *
 * @package    core
 * @copyright  1999 onwards Martin Dougiamas (http://dougiamas.com)
 * @license    http://www.gnu.org/copyleft/gpl.html GNU GPL v3 or later
 */

    if (!file_exists('./config.php')) {
        header('Location: install.php');
        die;
    }

    require_once('config.php');
    require_once($CFG->dirroot .'/course/lib.php');
    require_once($CFG->libdir .'/filelib.php');

    redirect_if_major_upgrade_required();

    $urlparams = array();
    if (!empty($CFG->defaulthomepage) && ($CFG->defaulthomepage == HOM
        $urlparams['redirect'] = 0;
    }
    $PAGE->set_url('/', $urlparams);
    $PAGE->set_course($SITE);
```

Figura 1.18. Ejemplo de generación de documentación en código.

No obstante, se debe gestionar la cantidad ingente de documentación que se genera durante el desarrollo de una aplicación informática.

Esto obligará a filtrar la documentación para descartar o rehacer documentación redundante, poco clara, insuficiente, etc. En definitiva, la documentación se desarrolla para realizar una labor y no para rellenar «el expediente».

En el desarrollo de cualquier proyecto, y una aplicación informática lo es, existen varias fases en las cuales se desarrolla documentación:

- Fase de estudio del proyecto.

- Fase de diseño.

- Fase de desarrollo.

- Fase de pruebas.

Debe tenerse en cuenta que en un proyecto pueden estar implicadas muchas personas que no necesariamente estén en todas y cada una de las fases del proyecto. Por lo que la documentación debe servir tanto a los miembros del proyecto que están desarrollándolo en su fase como servir de referencia a los miembros de las fases siguientes. También el lector debe conocer que hay documentación dirigida. Es decir, habrá documentación desarrollada para programadores, diseñadores, probadores de la aplicación, usuarios finales, etc.

La documentación tiene que ser de calidad y ha de prestarse el debido tiempo para comprobar que así sea. En muchas ocasiones la creación de documentación se observa como una pérdida de tiempo que no redunda en beneficio directo del producto. No es así. Un proyecto bien construido puede perdurar en el tiempo, pero, seguramente, deberá sufrir cambios o evolución hacia versiones siguientes. Si la documentación es de calidad, su seguimiento y evolución será menos traumática.

Cuando hay un cambio de versión es posible que los miembros del proyecto hayan cambiado parcial o totalmente y los nuevos miembros (y los que permanecen) deben estudiar la documentación para ponerse al día y comprobar qué partes del proyecto es susceptible de mejora.

El lector ha de considerar seguir unas sencillas pautas para escribir una documentación de calidad:

- Hacer esquemas antes de realizar la documentación. Puede aprovechar el esquema y adjuntarlo a la documentación.

- Realizar filtros para valorar su importancia. Tal vez fuera buena idea separar una documentación de tipo «troncal» más manejable; vinculando documentación anexa que enriquezca el contenido, que utilizar una documentación larga y tediosa con lo cual se conseguiría que su seguimiento sea difícil.

- Construir resúmenes, esquemas, etc. ayudará a tener una visión global y rápida sobre los elementos que se deben estudiar u observar.

- Los programas también deben documentarse. Se puede hacer manual o mediante herramientas que generen documentación. Por ejemplo, Java dispone de la herramienta Javadoc. También se puede utilizar herramientas generadoras de documentación como: HPHDoc, HeaderDoc, etc.

- En la documentación orientada hacia el usuario se debe anticipar y empatizar con la situación de desconocimiento del usuario. Debe debatirse qué preguntas hará y dar las respuestas adecuadas a dichas preguntas con un lenguaje inteligible para el tipo de usuario que va dirigida la aplicación.

- En la documentación dirigida al usuario se debe ser «respetuoso» y claro y no utilizar la segunda persona en el desarrollo de la documentación.

- Antes de desarrollar la documentación debe valorarse la conveniencia o no de utilizar una herramienta que ayude a realizar la documentación o conformarse con un procesador de textos como, por ejemplo, Word de Office o Writer de OpenOffice. Si se opta por una herramienta de tipo hipertextuales o herramientas de código como las mencionadas anteriormente o HelpLogix, Adobe RoboHelp, Doc-to-Help, etc. Incluso se puede utilizar herramientas de tipo colaborativo como wikis y/o herramientas de la nube.

- En muchas ocasiones se generan dos tipos de documentos orientados a usuarios: guía de usuario y manual de referencia. La guía de usuario es un manual sencillo y el manual de referencia es una documentación más detallada.

- El manual de usuario, ¿cómo debe ser? Pues manual de usuario. El usuario podrá o deberá realizar una serie de acciones, pero no podrá ni deberá realizar otras.

En la Figura 1.18 puede observar un ejemplo. Se trata de una porción de código de la aplicación web Moodle construida con PHP y se observa una instrucción, @package, que corresponde a una instrucción que no es propia de PHP, sino de PHPDOC. El intérprete de PHP no lo tendrá en cuenta por estar la línea comentada, pero PHPDOC ejecutará la instrucción.

Para saber más:

En el siguiente enlace podrá descargar la información de cómo instalar PhpDoc: https://docs.phpdoc.org/3.0/guide/getting-started/installing.html#installation.

Y en el siguiente enlace encontrará documentación de cómo aprovechar el lenguaje de generación de documentación mediante pequeñas instrucciones: http://manual.phpdoc.org/HTMLSmartyConverter/HandS/phpDocumentor/tutorial_phpDocumentor.howto.pkg.html.

Resumiendo, la documentación generada y que se entrega a la persona responsable de la recepción del producto se divide en dos categorías, interna y externa:

- De carácter interna: es aquella que se crea en el mismo código, ya puede ser en forma de comentarios o de archivos de información dentro de la aplicación. También contendrá anexos documentales sobre el producto para consumo técnico.

- De carácter externa: es aquella que se escribe en cuadernos, libros y/o soportes electrónicos (página web, archivos RDF —Resource Description Framework o Marco de Descripción de Recursos—, vídeos, etc.), totalmente ajena a la aplicación en sí.

No olvidarse que las aplicaciones informáticas se mueven entre programas que utilizan un intérprete o librerías para ejecutarse.

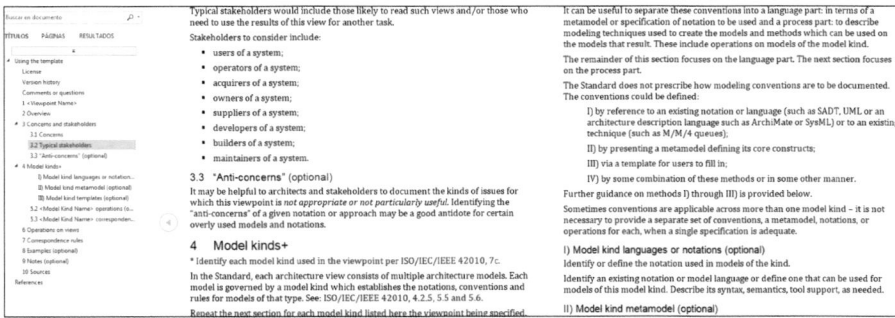

Figura 1.19. Estructura de documentación.

Existen varias alternativas para documentar una arquitectura de *software* o, en general, de documentación técnica. A continuación, se verá un punto de referencia sobre esta práctica.

En la Figura 1.19 se muestra el índice con los posibles apartados que se necesitan a la hora de diseñar la arquitectura del proyecto.

La arquitectura y diseño del *software* se documenta a través de un conjunto de vistas. Cada vista representará un aspecto o comportamiento particular de la aplicación informática.

Para saber más:

Se dispone, como referencia, de las recomendaciones del estándar IEEE 1471. En la página web http://www.iso-architecture.org/ieee-1471/ se encontrará con las sugerencias sobre documentación según este estándar.

Figura 1.20. Diagrama del modelo Vistas 4+1.

¿Cómo se puede enfocar esta documentación? El modelo de **vistas 4+1** (Figura 1.20) es muy conocido.

Están compuesto de cinco tipos de vista:

- Vista lógica: modela elementos que soportan la funcionalidad que el sistema provee al usuario final desde un punto de vista estático o dinámico mediante diagramas tales como clases, paquetes y secuencia.

- Vista de procesos: esta vista opcional modela los aspectos dinámicos del sistema y captura aspectos tales como concurrencia y sincronización mediante diagramas tales como el de actividades.

- Vista de desarrollo: modela la organización estática del *software* en su ambiente de desarrollo, típicamente mediante diagramas de componentes.

- Vista física: modela el mapeo del *software* con el *hardware*, típicamente con diagramas de implantación.

- Vista casos de uso: esta es la vista adicional (+1) que es central al modelo y que agrupa escenarios de casos de uso principales. Para su representación se puede usar un diagrama de casos de uso acompañado de descripciones textuales de los escenarios. Las otras vistas deben permitir comprender la manera en que los escenarios de casos de uso son soportados por la arquitectura.

1.1.3. Formatos de documento estándar. Estructura de la información y metadatos en los documentos

Se empezará por comentar qué se entiende por documento estándar. El Formato de Documento Abierto para Aplicaciones Ofimáticas de OASIS (en inglés, OASIS —Open Document Format for Office Applications—), también referido como formato OpenDocument (ODF), es un formato de archivo abierto y estándar para el almacenamiento de documentos ofimáticos tales como hojas de cálculo, textos, gráficas y presentaciones. El formato fue aprobado el 30 de noviembre de 2006 por las organizaciones ISO e IEC como estándar internacional ISO/IEC 26300:2006 Open Document Format for Office Applications (OpenDocument).

En base a este formato coexisten extensiones de archivo. En la siguiente tabla se observan los distintos tipos de extensiones de archivos y su correspondiente tipo MIME.

Tipo de formato	Extensión	Tipo de MIME
Texto	.odt	application/vnd.oasis.opendocument.text
Hoja de cálculo	.ods	application/vnd.oasis.opendocument.spreadsheet
Presentación	.odp	application/vnd.oasis.opendocument.presentation
Dibujo	.odg	application/vnd.oasis.opendocument.graphics
Gráfica	.odc	application/vnd.oasis.opendocument.chart
Fórmula matemática	.odf	application/vnd.oasis.opendocument.formula
Imagen	.odi	application/vnd.oasis.opendocument.image
Documento maestro	.odm	application/vnd.oasis.opendocument.text-master
Plantillas		
Texto	.ott	application/vnd.oasis.opendocument.text-template
Hoja de cálculo	.ots	application/vnd.oasis.opendocument.spreadsheet-template
Presentación	.otp	application/vnd.oasis.opendocument.presentation-template
Dibujo	.otg	application/vnd.oasis.opendocument.graphics-template

Otro tipo de documento estándar es el formato PDF (Portable Document Format). Es un formato de almacenamiento para documentos digitales independiente de plataformas de *software* o *hardware* (cualquier documento PDF puede ser leído en cualquier sistema operativo). Este formato tiene un tipo de formato compuesto (imagen vectorial, mapa de bits y texto).

Fue desarrollado por la empresa Adobe Systems y oficialmente lanzado como un estándar abierto el 1 de julio de 2008 y publicado por la Organización Internacional de Estandarización (ISO) como **ISO 32000-1**.

Como características de este formato tan popular se destaca las siguientes:

- Es multiplataforma. Es decir, puede ser presentado en los principales sistemas operativos (GNU/Linux, OS X Mac, Unix, Windows), sin que se modifique el aspecto ni la estructura del documento original.

- El archivo puede tener elementos de distinto tipo. Es decir, puede combinar texto, vídeos o sonido, elementos de hipertexto como vínculos y marcadores, enlaces y miniaturas de páginas.

- Los archivos PDF no pierden el formato ni se degrada con el envío a otros usuarios, como sí sucede cuando se envían documentos de texto plano (puede haber cambio de número de páginas, los párrafos se presentan de distinta manera, etc.).

- Es uno de los formatos más extendidos en internet para el intercambio de documentos porque ocupa menos tamaño que otros tipos de documentos con compresión de formato y, además, no es fácil alterarlo. Es por ello por lo que es muy utilizado por empresas, Gobiernos, instituciones educativas y organizaciones en general.

- Al ser una especificación abierta, se han generado herramientas de *software* libre para crear, visualizar y/o modificar documentos en formato PDF. Como ejemplos se dispone de los paquetes ofimáticos LibreOffice y OpenOffice.

- Puede cifrarse para proteger su contenido e incluso firmarlo digitalmente.

- Puede generarse desde cualquier aplicación mediante la instalación de una «impresora virtual» en el sistema operativo (p. ej. CutePdf —https://www.cutepdf.com/— o PdfCreator —https://www.pdfforge.org/—). En Linux se puede utilizar la herramienta CUPS-PDF para generar archivos PDF.

- Es el estándar ISO (ISO 19005-1:2005) para ficheros contenedores de documentos electrónicos con vistas a su preservación de larga duración.

- Los ficheros PDF son independientes del dispositivo con lo cual puede imprimirse en cualquier tipo de impresora.

Si el lector desea conocer más las herramientas mencionadas, puede acceder a sus páginas web y descargarse el paquete ofimático:

- LibreOffice: https://es.libreoffice.org/.
- OpenOffice: https://www.openoffice.org/es/.

Metadatos para la gestión de documentos

La ISO 23081 establece un marco para la creación, gestión y uso de metadatos para la gestión de documentos, y explica las recomendaciones por las que deben regirse. Sin embargo, la Norma ISO 23081 es una guía que orienta para entender, implantar y utilizar metadatos en el marco de la Norma ISO 15489, Información y documentación-Gestión de documentos.

La Norma ISO 15489 está centrada en los principios de la gestión de documentos. Esta establece los requisitos básicos orientados a que las organizaciones tengan una referencia para establecer un marco de «buenas prácticas» y que mejoren de forma sistemática y, a la vez, efectiva la creación y mantenimiento de los documentos que desarrollen por la propia actividad de la organización. Como consecuencia de seguir con esta norma, la organización obtendrá un beneficio, la calidad documental.

Esto implica, también, desarrollar un plan de gestión documental aplicando una política y responsabilidades establecidas en función de las necesidades de la organización. La Norma ISO 15489 propone una metodología específica para diseñar e implementar un plan para realizar un sistema de gestión de documentos. Definiendo los procesos técnicos, elaboración de los principales instrumentos tales como: cuadro de clasificación, calendario de conservación, tabla de acceso y seguridad. También define el establecimiento de las actividades de evaluación, medición y aprendizaje que conducirán a la mejora continua del sistema. Y, como colofón, destaca la importancia de los **metadatos** para la gestión de los documentos digitales señalando los requisitos que deben cumplir para su archivado.

La Norma ISO 23081 trata, con bastante profundidad, sobre la importancia de los metadatos propios para la gestión documental en los distintos procesos de negocio, de los diferentes tipos de metadatos y del papel que desempeñan tanto para los propios procesos de trabajo como para los procesos de gestión de documentos estableciendo el marco para gestionar estos metadatos.

En principio, la norma no define un conjunto estrictamente obligatorio de metadatos para la gestión de documentos, ya que cada organización se decantará por unos detalles que deben cumplir con los requisitos marcados por la propia organización y que permitan cumplir más fielmente con normas de superior rango u ordenamiento jurídico. Sin embargo, puede evaluar los principales conjuntos de metadatos existentes contrastándolos con los requisitos de la Norma ISO 15489.

A continuación, se va a desarrollar un ejemplo. Se utilizará un esquema referencia donde habrá etiquetas de carácter obligatorio y otras que no lo son:

Etiqueta	Descripción
01 Identificador *	Código único que identifica la unidad de descripción.
02 Productor * 02.01 Identificador de productor 02.02 Nombre	Código que identifica la unidad productora. Se puede desglosar en: • Identificador del productor. • Nombre del productor.
03 Serie documental * 03.01 Código serie 03.02 Título serie	Código de serie documental a la que pertenece. Se puede desglosar en: • Código de serie. • Título de serie.
04 Título *	Nombre de la unidad documental.
05 Tipo de documento	Descripción sobre la tipología documental del propio documento. Determinará su estructura interna y su relación procedimental, actividad o transacción.
06 Nivel de descripción *	Identificación de la posición de la unidad documental en una jerarquía previamente establecida.
07 Fecha * 07.01 Fecha inicial 07.02 Fecha final 07.03 Otra fecha	Fecha extrema inicial de la unidad de descripción. Se puede desglosar en: • Fecha inicial. • Fecha final. • Otra fecha (p. ej.: próxima revisión).

Etiqueta	Descripción
08 Normativa	Legislación, normativa, instrucciones concretas, etc. que afectan a la unidad documental.
09 Resumen	Breve alcance y contenido de la unidad de descripción.
10 Descriptores	Términos o palabras clave que representan conceptos referenciados en la unidad documental. Facilitará su localización.
11 Valoración 11.01 Norma 11.02 Conservación 11.03 Transferencia 11.04 Eliminación 11.05 Documento esencial	Valoración actualizada del documento. Se puede desglosar en: • Norma: código de norma del calendario. • Conservación: destino final de la unidad de descripción. • Transferencia: fecha de transferencia al sistema de gestión del archivo. • Eliminación: fecha prevista para su eliminación (no será necesaria si debe existir permanentemente). • Documento esencial: indica su nivel de importancia en la gestión documental.
12 Idioma	Identificación de la lengua de la unidad documental.
13 Entorno tecnológico * 13.01 Aplicación 13.02 Formato 13.03 Tamaño 13.04 Soporte/Medio físico 13.05 Otros datos técnicos	Todo lo relacionado con el soporte del archivado del documento. Se puede desglosar en: • Aplicación informática. • Formato del documento. • Tamaño del documento. • Soporte o medio físico (servidor, disco duro, DVD, SSD, cinta, etc.). • Otros datos técnicos (sistema operativo, compresión, red, nube, etc.).

Etiqueta	Descripción
14 Preservación	Acciones previstas para conservar la unidad documental a medio y largo plazo, independientemente del formato, *software, hardware* o sistema que se utilizó para su creación. Manteniendo así la información pese a la evolución tecnológica.
15 Acceso * 15.01 Nivel de seguridad 15.02 Usuario	Control de acceso al documento. Puede desglosarse en: • Nivel de seguridad: definición del nivel de seguridad del documento. • Usuario: perfil de usuario para definir el nivel de acceso a la unidad documental.
16 Integridad *	Información sobre el carácter completo e inalterado de la unidad documental.
17 Firma digital 17.01 Responsable de la firma 17.02 Certificado de la firma 17.03 Fecha/hora	Rúbrica electrónica. Se puede desglosar en: • Responsable de la firma: titular de la firma. • Certificado de la firma: certificado utilizado para validar la firma electrónica. • Fecha/hora: fecha y hora en que se firma digitalmente la unidad documental.
18 Historial de eventos 18.01 Identificador de evento 18.02 Fecha/hora 18.03 Tipo de evento 18.04 Descripción de evento 18.05 Responsable del evento	Historial de las acciones o eventos que se llevan a cabo sobre la unidad documental, describiendo cada gestión realizada durante su ciclo vital, constituyendo su auditoría de uso. Se puede desglosar en: • Identificador del tipo de evento. • Fecha/hora del evento. • Tipo de evento. • Descripción del evento. • Responsable del evento. ATENCIÓN: como el historial de eventos es posible que no sea único. Se puede repetir las etiquetas identificándolas de la siguiente manera: 18_1.01, 18_1.02... para los datos del primer evento. 18_2.01, 18_2.02... para los datos del segundo evento. Y así sucesivamente.

Etiqueta	Descripción
19 Resolución * 19.01 Tipo de relación 19.02 Documentación relacionada	Vínculo existente entre una determinada unidad de descripción y otras unidades. Las relaciones deberían ser recíprocas.
* Elementos obligatorios	

A continuación, se expresan estos campos en un documento de metadatos. Se elige el lenguaje XML por ser un lenguaje de uso común y que refleja la estructura lógica y jerárquica de un instrumento de descripción de archivo, compatible con la norma internacional de descripción archivística y que posibilita la difusión, acceso y navegabilidad, a través de la tecnología de redes, de la información descriptiva del archivo.

Este sería el ejemplo:

DOCUMENTO:

<?xml version="1.0" encoding="ISO-8859-1" standalone='yes'?>

<!—Comentario: documentos electrónicos. Grupo Metadatos_2016 -->

<documento >

       <identificador>ES_WEB_01_0001_2016</identificador>

       <productor>

              <productor:ID>U245</productor:ID>

              <productor:nombre>Org. Web Dpto. documentación </productor:nombre>

       </productor>

       <serie>

              <serie:cod>A123</serie:cod>

              <serie:tit>Proyectos </serie:tit>

       </serie>

       <titulo>Proyecto_Web_Empresa_SA_2016</titulo>

       <tipo>Proyecto</tipo>

       <nivel>Documento</nivel>

```xml
<fecha>
        <fecha:inicial>20160301</fecha:inicial>
        <fecha:fin>20170131</fecha:fin>
        <fecha:otra>Obsoleto20201203</fecha:otra>
</fecha>
<norma>Interna</norma>
<norma>Interna sobre construcción de proyectos</norma>
<resumen>Proyecto para la empresa SA para la construcción de un sitio web presencial y tienda online con sincronización con sus tiendas a pie de calle.</resumen>
<descriptores>proyecto empresa SA tienda online</descriptores>
<valoracion>
        <valoracion:norma>01/2016</valoracion:norma>
        <valoracion:conservacion>Conservación permanente</valoracion:conservacion>
        <valoracion:transferencia>20170430</valoracion:transferencia>
        <valoracion:eliminacion>conservación
        </valoracion:eliminacion>
        <valoracion:esencial>SI</valoracion:esencial>
</valoracion>
<idioma>Castellano</idioma>
<tecnologico>
        <tecnologico:aplicación>Aplicación informática de Gestión de proyectos</tecnologico:aplicacion>
        <tecnologico:formato>ODF</tecnologico:formato>
        <tecnologico:tamanyo>1024Kb</tecnologico:tamanyo>
        <tecnologico:soporte>DISCO</tecnologico:soporte>
        <tecnologico:otros>Servidor de la empresa. Área Dpto. web.</tecnologico:otros>
</tecnologico>
```

```xml
<preservacion>migración a .PDF </preservacion>
<acceso>
        <acceso:nivel>Restringido al dpto. web. </acceso:nivel>
        <acceso:usuario>Perfil grupo web.</acceso:usuario>
</acceso>
<acceso>
        <acceso:nivel>Restringido supervisión.</acceso:nivel>
        <acceso:usuario>Perfil invitado.</acceso:usuario>
</acceso>
<integridad>Completo</integridad>
<firma>
        <firma:responsable>Jefe dpto. </firma:responsable>
        <firma:certificado>Certificado 638r57FMT</firma:certificado>
        <firma:fecha>20160301T110155</firma:fecha>
</firma>
<evento>
        <evento:id>01</evento:id>
        <evento:fecha>20090513</evento:fecha>
        <evento:tipo>Registro</evento:tipo>
        <evento:descripcion>registro del convenio</evento:descripcion>
        <evento:responsable>Secretario General</evento:responsable>
</evento>
<evento>
        <evento:id>12</evento:id>
        <evento:fecha>20160301</evento:fecha>
        <evento:tipo>Firma</evento:tipo>
        <evento:descripcion>Firma digital avanzada </evento:descripcion>
        <evento:responsable> Jefe dpto. </evento:responsable>
</evento>
```

```xml
<evento>

        <evento:id>32</evento:id>

        <evento:fecha>20160401</evento:fecha>

        <evento:tipo>Consulta</evento:tipo>

        <evento:descripcion>Consulta y reunión con la empresa SA.
        Recogida de datos</evento:descripcion>

        <evento:responsable>Jefe del proyecto.</evento:responsable>

</evento>

<relacion>

        <relacion:tipo>Forma parte de</relacion:tipo>

        <relacion:doc>ES_WEB_01_0001_2016_EMPRESA_SA_2016</relacion:doc>

</relacion>

</documento>
```

Seguramente el lector se habrá dado cuenta de que sería posible albergar toda esta información en una base de datos de carácter documental sin incumplir las normas ISO indicadas anteriormente. Y a partir de esa base de datos construir los documentos XML, si se opta por este sistema, utilizando un lenguaje de programación.

Para saber más:

El autor aconseja, para aumentar los conocimientos del lector, visitar las siguientes páginas:

- https://www.uma.es/media/tinyimages/file/ISO_23081-1.Principios.2006.pdf
- http://eprints.rclis.org/12263/1/Alonso_Garcia_Lloveras_-_La_norma_ISO_15489.pdf
- http://cau.crue.org/wp-content/uploads/Esquema_metadatos_v02.pdf

1.1.4. El wiki como herramienta de escritura colaborativa

¿Qué es la documentación en línea? Se puede decir, sin error a equivocarse, que la documentación en línea es aquella en la cual no interviene un procesador de textos al uso como Word de Office, Writer de OpenOffice, etc.

Con este sistema se consigue que toda la documentación esté centralizada y organizada por un *software* del tipo servidor.

En la Figura 1.21 se observa un *software* de edición alojado en un servidor en la nube, en este caso Google Docs, donde se aprecia la edición simultánea del documento por dos usuarios.

Figura 1.21. Procesador en la nube (Google Docs).

Actualmente se dispone, en internet, de un concepto nuevo como es la nube. Hay empresas que ofrecen servicios de nube como las ya conocidas Google, Microsoft, Dropbox y otras.

Este sistema permite compartir información grupal. Es decir, el equipo de proyecto, por ejemplo, puede acceder a una zona del espacio contratado y compartir información. Además, estas compañías permiten la edición de documentos *online* en la que varios integrantes de un mismo equipo pueden editar el mismo documento.

Incluso se puede sincronizar con archivos en el equipo local donde se esté trabajando. La actualización consistirá en comprobar los archivos del servidor con los que están en local. Si no existe, crea el archivo en local. Si se modifica en local se actualiza la copia del servidor, y viceversa. A este sistema se le llama sincronización de archivos.

¿Esto solo puede hacerse con organizaciones externas? No, ya hay *software* implementado que permite crear una nube propia como, por ejemplo, **OwnCloud** (https://owncloud.com/).

Figura 1.22. Logotipo de Wikipedia.

Ya se dispone de la idea de qué es una documentación en línea. Aprovechando estas herramientas que proporciona la **web 2.0** ha surgido una herramienta web de carácter colaborativo, la wiki.

Entonces, ¿qué es una wiki? Según Wikipedia es el nombre que recibe un sitio web cuyas páginas pueden ser editadas directamente desde el navegador, donde los usuarios crean, modifican o eliminan contenidos que, generalmente, comparten.

Todos conocemos qué es Wikipedia y lo importante que llega a ser como referencia de ayuda para los usuarios de internet.

En la Figura 1.22, logotipo de Wikipedia.

Pero ¿y qué es una wiki? En definitiva, una wiki es una aplicación web tipo CMS (gestor de contenidos) cuyo diseño está enfocado a la creación de contenidos que permite a todos acceder y participar; se pueden crear o editar fácilmente contenidos sin precisar ninguna herramienta técnica. Lo único necesario es un ordenador con conexión a internet y un navegador web actualizado.

Una wiki está siempre en revisión constante. No hay un único autor; todos participan, o pueden participar, aportando información de forma colaborativa.

¿Cómo puede encajar este elemento en la documentación de una aplicación informática? Lo interesante de este método es la versatilidad. Se puede abrir una línea colaborativa para el proyecto de tal manera que, por ejemplo, los diseñadores gráficos para la aplicación y los desarrolladores o programadores pueden realizar la documentación a medida que va avanzando el proyecto. Esto es posible porque pueden tener líneas separadas en el proyecto. Es decir, uno o varios usuarios pueden trabajar en la documentación de su apartado al margen de la documentación del resto de áreas.

La principal ventaja es que dicha documentación está viva en todo el proceso de desarrollo del proyecto y aún después porque puede seguir editándose y mejorando. No necesita estar integrada en la propia aplicación informática, sino que puede estar enlazada desde la propia documentación como enlace externo.

Cualquier equipo de personas que tienen un objetivo común, es el caso de un equipo desarrollador de un proyecto, deben tener una comunicación fluida y constante. En ocasiones, es difícil cumplir con este requisito porque no todos los miembros del grupo están ubicados en el mismo lugar físico.

Para cumplir con la premisa de que un grupo tiene que estar comunicado, aunque no estén en contacto físicamente en el mismo lugar, se acuñó el término inglés *groupware* (*software* colaborativo o *groupware* se refiere al conjunto de programas informáticos que integran el trabajo en un solo proyecto, con muchos usuarios concurrentes, que se encuentran en diversas estaciones de trabajo, conectadas a través de una red) que hace referencia a métodos y herramientas de *software* que facilitan el trabajo en grupo, mejorando su rendimiento, y contribuyen a que personas que están localizadas en puntos geográficos diferentes puedan trabajar a la vez, ya sea directamente o de forma anónima, a través de las redes.

Ya se pueden tener grupos que se comunican en un mismo punto físico y grupos «virtuales» que están comunicados a través de las redes.

A partir de este punto empieza el concepto de grupo colaborativo. Hoy en día se está convirtiendo en un elemento cada vez más importante de la economía, la colaboración grupal.

En cuanto al *software* colaborativo, hay distintas opciones, pero en cuanto a documentación sin duda es el *software* denominado wiki.

Figura 1.23. Logotipo de Mediawiki.

La principal utilidad de una wiki es que permite crear y mejorar las páginas de forma inmediata, dando una gran libertad al usuario, y por medio de una interfaz muy simple. Esto hace que más gente participe en su modificación, a diferencia de los sistemas tradicionales, donde resulta más difícil que los usuarios del sitio contribuyan a mejorarlo.

Dada la gran rapidez con la que se actualizan los contenidos, la palabra «wiki» adopta todo su sentido. El «documento» de hipertexto resultante, denominado también «wiki» lo produce típicamente una comunidad de usuarios.

Para construir una wiki en un servidor web se puede, bien contratarlo, bien construirlo o bien utilizar un paquete e instalarlo en un servidor.

Para adiestrarse en el manejo y ver la utilidad se podrá acceder, por ejemplo, a la página de TiddlyWiki y darse de alta (https://tiddlywiki.com/) y enseguida se podrá trabajar y conocer las ventajas e inconvenientes, que los hay, de esta herramienta.

También se podrá instalar en un servidor web una aplicación web ya construida como es MediaWiki (https://www.mediawiki.org/wiki/MediaWiki). En la Figura 1.23 se muestra el logotipo de MediaWiki.

1.2. Uso de internet

No fue hasta 1991 cuando Tim Berners-Lee creó el primer servidor web del mundo y el primer navegador.

El 12 de marzo de 1989, Tim Berners-Lee, un científico que trabajaba en el Centro Europeo de Investigación Nuclear (CERN), presentó una propuesta para desarrollar una nueva forma de vinculación e intercambio de información a través de internet. El documento fue titulado Gestión de la Información. Propuesta que dio lugar a lo que más adelante se denominaría World Wide Web (o de forma abreviada: www).

Uno de los problemas del primer navegador web o «browser» es que solo funcionaba en estaciones NeXT (NeXT Computer fue fundada por Steve Jobs).

¿En qué consistía el navegador web? La nueva fórmula permitía vincular información en forma lógica y a través de las redes. El contenido se programaba con un lenguaje de hipertexto que consistía en ir colocando «etiquetas» que asignaban una función o valor a cada parte del contenido. Este sistema obligaba a los navegadores a «interpretar» dichas etiquetas construyendo de forma visual el resultado que se deseaba mostrar.

En 1993, Marc Andreessen produjo la primera versión del navegador «Mosaic», que permitió acceder con mayor naturalidad a la WWW. Se produjo para trabajar en entornos Unix con una interfaz gráfica X11. Poco más tarde entró Netscape Navigator que superó con creces en velocidad y capacidad a Mosaic. Heredero del Netscape es, en la actualidad, Firefox. Aunque Chrome debe gran parte de su funcionalidad al código liberado del navegador Netscape.

A partir de entonces, empezó una «guerra» de navegadores. En 1995 irrumpió Microsoft con el navegador web Internet Explorer (IE). La ventaja de IE con respecto a Netscape Navigator fue que el navegador de Microsoft iba incluido en el propio sistema operativo. Esto hizo que finalmente IE fuera el navegador más utilizado a partir de 1999. Tal fue así que Netscape Navigator fue abandonado por los propietarios del navegador, AOL (America Online). Pero esto tuvo una consecuencia positiva, se liberó el código del navegador y se creó un proyecto allá por el año 2004 bajo el nombre de Mozilla Firefox, fue creado por David Hyatt y Blake Ross con la participación de voluntarios de todo el mundo en el desarrollo de este navegador.

La World Wide Web no se entendería sin el protocolo que lo sustenta y el lenguaje de marcas que permite visionar, de forma ordenada, los documentos que se transmiten a través de la red.

Hoy en día no se entiende la tecnología sin internet. Está tan «incrustada» en nuestra sociedad que un colapso del sistema implicaría la paralización de muchos servicios tal como los conocemos. Según Dan Dennett, conocido filósofo norteamericano: «Internet se vendrá abajo y cuando lo haga viviremos oleadas de pánico mundial. Nuestra única posibilidad es sobrevivir a las primeras 48 horas. Para eso hemos de construir —si se me permite la analogía— un bote salvavidas». Los botes salvavidas a los que se refiere es el antiguo tejido social de organizaciones de todo tipo e idiosincrasia que se han visto (casi) aniquilados con la llegada de internet.

1.2.1. Conocimiento de www. Navegadores

El protocolo que se utiliza en las transacciones WWW es el HTTP y el lenguaje de marcas HTML.

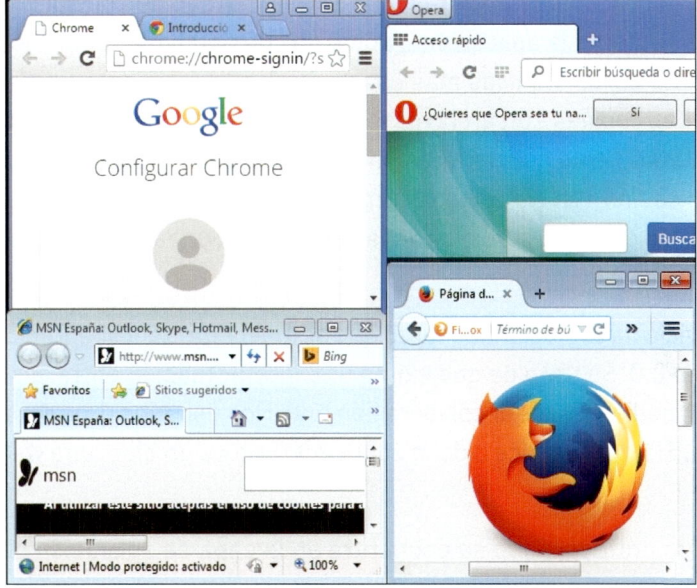

Figura 1.24. Navegadores web.

Hypertext Transfer Protocol o HTTP (protocolo de transferencia de hipertexto): es el protocolo usado en cada transacción de la WWW. HTTP fue desarrollado por el World Wide Web Consortium y la Internet Engineering Task Force. En 1999 se publicó una serie de **RFC** (Request For Comments). En definitiva, estas recomendaciones o estándares describen diversos aspectos del funcionamiento de internet tales como: protocolos, procedimientos, etc. Cada RFC constituye un monográfico redactado por un grupo de ingenieros y/o expertos en la materia que envían al IETF (The Internet Engineering Task Force).

Se describen RFC tan importantes como, por ejemplo, el protocolo IP detallado en el RFC 791, el FTP en el RFC 959, o el HTTP en el RFC 2616.

En la Figura 1.24 se muestra una visión típica de varios conocidos navegadores web con elementos comunes: barra de dirección, barra del buscador y las pestañas que tengamos abiertas con direcciones web activas.

Características importantes del protocolo HTTP

Es un protocolo sin estado, es decir, en una arquitectura cliente/servidor el usuario realiza una petición, el servidor se la sirve y dejan de estar comunicados el cliente y servidor, es decir, la comunicación no es estable ni constante (no persistente). Con esto se consigue que el servidor atienda a más clientes y/o usuarios que se conseguiría si fuera estable y constante.

Sin embargo, es un inconveniente en el desarrollo de aplicaciones web porque todas las aplicaciones necesitan mantener el estado de conexión con el servidor que sustenta la aplicación. ¿Cómo se consigue mantener «viva» la conexión? Una de las técnicas más usada en el lado del cliente es el uso de las *cookies*. Las *cookies* son archivos locales que un servidor puede almacenar en el sistema cliente que permitirá mantener «vivos» los datos relevantes en la comunicación con el servidor. Otra técnica es el uso de sesiones de conexiones de los clientes, pero guardadas en el servidor para conseguir el mismo fin descrito anteriormente.

Este servicio ha evolucionado tanto que actualmente se trabaja en conceptos como Web 2.0. Se trata de que exista una interactuación entre el sitio web y el usuario pudiendo existir colaboración entre los usuarios y los creadores del sitio web. El lector conoce o debe conocer lo que es un blog, una wiki, una red social.

HTTP es un protocolo que se encuentra en la capa de aplicación del modelo OSI.

Actualmente también se está trabajando con un nuevo concepto como es la «web semántica» a la que también se refieren como Web 3.0. Sin embargo, la web semántica es un conjunto de actividades, tal y como indica el propio World Wide Web Consortium, al amparo de las cuales se han desarrollado un conjunto de tecnologías que se aplican en ámbitos como: redes sociales, publicación de datos, marcado semántico de documentos convencionales, etc. Por su parte, la Web 3.0 se refiere a un entorno en el que aplicaciones y agentes de usuario intercambian datos, los procesan e incluso realizan procesos de deducción para generar información nueva.

Características importantes del protocolo HTTPS

Las siglas HTTPS corresponden a Hypertext Transfer Protocol Secure o, en español, protocolo seguro de transferencia de hipertexto. En definitiva, es HTTP (del que se ha escrito anteriormente), pero cifrado. También corresponde a la capa transporte del modelo OSI.

No solamente la diferencia estriba en que es un protocolo seguro, sino que, además, utiliza un puerto específico para realizar esta tarea. Si bien lo habitual del protocolo HTTP es el puerto 80 (aunque se puede indicar, desde el servidor web que «escuche» otro puerto) el puerto TCP habitual o estándar para las conexiones del protocolo HTPS es el puerto 443.

El sistema HTTPS utiliza un cifrado basado en SSL/TLS para crear un canal cifrado más apropiado para el tráfico de información sensible que el protocolo HTTP. De este modo se consigue que la información sensible (usuario y claves de paso normalmente) no pueda ser usada por un atacante que haya conseguido interceptar la transferencia de datos de la conexión, ya que lo único que obtendrá será un flujo de datos cifrados que le resultará imposible o muy difícil de descifrar.

Hoy en día es un protocolo muy utilizado. En sus inicios era utilizado principalmente por entidades bancarias, tiendas «online» o cualquier tipo de servicio que requiera el envío de datos personales y/o contraseñas como son los *webmails*. Sin embargo, hoy en día es muy habitual utilizar este protocolo para servir sus resultados.

Cómo sacar partido a un navegador

Para explicar cómo interactuar con una aplicación de navegación se utilizará, a modo de ejemplo, Firefox de la fundación Mozilla.

En la Figura 1.25 el lector observará una pestaña en blanco y con páginas miniaturizadas de sitios web a los que se suele visitar de forma asidua. Se podría tomar como ejemplo de página de inicio del navegador, en blanco. Sin embargo, se podrá cambiar las preferencias personales en su configuración.

¿Qué navegador elegir? Una pregunta de muy difícil respuesta. Se dispone de bastantes navegadores y buenos para elegir. Los más conocidos y utilizados son: Firefox de la fundación Mozilla, Chrome de Google, Edge de Microsoft (antes era Internet Explorer), Opera, Safari, etc.

El autor tiene preferencias por Firefox. La razón es por el ansia de perfeccionamiento de la fundación Mozilla que lleva a ser puntera en muchos aspectos de la navegación. Gracias a los cambios producidos por la fundación Mozilla han llevado a otros navegadores a implementarlos en los suyos.

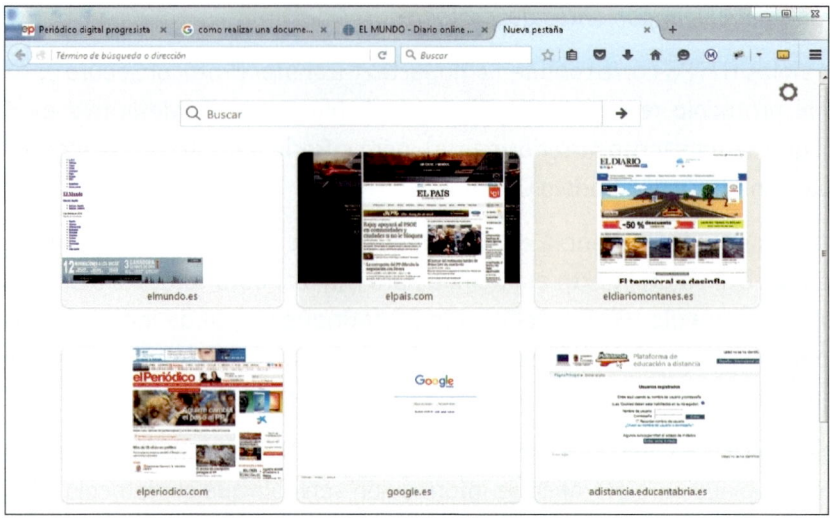

Figura 1.25. Navegador Firefox.

Para que el lector lo entienda mejor aportamos algunos ejemplos: Firefox fue el primer navegador en implementar el sistema de ventanas en sus navegadores, el primero en miniaturizar las páginas más visitadas, el primero en implementar la navegación de «incógnito». Todo esto aparte del tiempo de carga y montaje de las páginas en el navegador.

¿Cómo recuperar una pestaña cerrada? En ocasiones, con las prisas o accidentalmente, se cierra una pestaña del navegador con una web interesante, pero no se anotó su dirección web. Bien, para recuperarla se utilizará el ratón y se pulsará sobre la zona de las pestañas, pero no en las pestañas, botón derecho del ratón y se selecciona «deshacer el cierre de la última pestaña» (Firefox) o «volver a abrir pestaña cerrada» (Chrome).

Utilidades de Chrome que pueden resultar interesantes:

- Proteger el uso de Chrome con contraseña: el navegador puede ser protegido con contraseña para que solo el interesado sea quien pueda usar Chrome en ese ordenador. Para ello, debe disponerse de una extensión que aporte esta funcionalidad, como es, por ejemplo, **LockPW**. Una extensión que está disponible para su instalación en la Chrome Web Store y que ofrece la posibilidad de que nadie que use el mismo ordenador pueda hacer uso del navegador Chrome.

- Compartir escritorio con amigos o familiares: Chrome permite habilitar un sistema de compartición de escritorio que se podrá utilizar para acceder al escritorio personal desde ubicaciones remotas o bien compartirlo con otros usuarios.

Características de los distintos navegadores

Modo texto: estos navegadores, al trabajar en modo texto, simplifican mucho la interactuación del ordenador con internet. Al requerir pocos recursos de un ordenador y de ancho de banda permite acceder a los contenidos de forma fácil y rápida. Esto siempre será un problema si la web es de contenido visual o utiliza elementos multimedia; este navegador no sería capaz de presentarlo mediante, por ejemplo, un *plugin*. Sin embargo, la simplicidad de estos navegadores facilita que un *software* lector de pantalla, tipo OCR, trabaje sobre este tipo de navegadores, lo que lo convierte en una opción para usuarios con problemas de visión.

En la Figura 1.26 se puede observar el comportamiento de un navegador de tipo texto «traduciendo» una web «normal» (gráfico). Se ha ejecutado utilizando el protocolo SSH contra un servidor Linux utilizando el programa Putty.

A continuación, se indican varios navegadores de tipo texto:

- Elinks (http://www.elinks.or.cz/): es un navegador web de consola, basado en texto para sistemas operativos basados en UNIX.
- Linx (https://lynx.browser.org): navegador web Lynx (la versión 2.4.2).

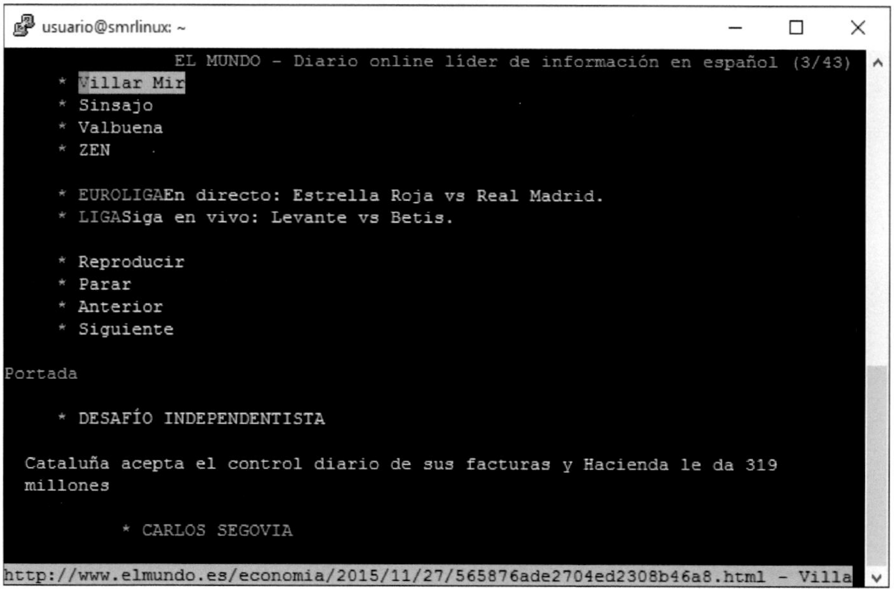

Figura 1.26. Navegación textual.

Modo gráfico: a diferencia de los navegadores de «modo texto», estos pueden aportar más información que la escrita: imágenes, vídeos, sonido. Además, se puede generar una página, estilísticamente hablando, atractiva. Además, este tipo de navegadores han evolucionado tanto que se aplican técnicas de interactuación entre el servidor y el usuario.

Hemos de recordar que las conexiones entre el servidor y el usuario, en un entorno en el que se utiliza el protocolo HTTP, no son persistentes. Es decir, una vez que el servidor entrega los documentos se «corta» la comunicación. Hoy en día es posible mantener, prácticamente, una conexión si no persistente, sí una interactuación constante. Inclusive, se pueden recargar capas de la página sin recargarla entera gracias a la tecnología AJAX.

Los navegadores web más conocidos y no precisamente por el orden que aparece son:

- Firefox: es una de las aplicaciones web gratuitas más utilizadas para navegar por internet. Es un buen navegador con muchas herramientas para desarrolladores y es de carácter innovador. Gracias a mantener su código abierto hay una gran comunidad de desarrolladores que dan contenido a dicho navegador.

  Está basado en el proyecto Mozilla (como continuador del célebre navegador Netscape), Firefox nació a finales de 2002. Se estuvo barajando diversos nombres como Phoenix o Firebird. Finalmente se decidió por Firefox. Es un proyecto «Open Source» (Código Abierto), lo que supone que cualquier desarrollador puede modificar el código para mejorarlo.

- Windows Internet Explorer (Edge): Microsoft Internet Explorer, conocido también como IE, es un navegador web desarrollado por Microsoft para el sistema operativo Microsoft Windows desde 1995. Es una aplicación propietaria. Es uno de los navegadores más utilizados debido, principalmente, a que está integrado en el sistema operativo Windows. Pero debido a sus múltiples fallos ha ido cayendo en su popularidad y los usuarios se han decantado por navegadores más seguros y punteros.

- Opera: es un navegador web y *suite* de internet creado por la empresa noruega Opera Software, capaz de realizar múltiples tareas como navegar para sitios web, gestionar correo electrónico, contactos, fuentes web, charlar vía IRC y funcionar como cliente BitTorrent. Su funcionalidad es similar, si cabe, a Firefox, aunque con su propia «filosofía». En cuanto a los desarrolladores tiene amplias herramientas de ayuda al desarrollador.

- Google Chrome: es un navegador web desarrollado por Google y, entre sus componentes, tiene elementos o componentes de código abierto como el motor de renderizado WebKit y su estructura de desarrollo de aplicaciones (*framework*). Gracias a ser el buscador más utilizado entre la comunidad internauta su difusión ha sido amplia. También ha servido su presentación minimalista y funcional. Además, la rapidez de carga de las páginas ayudó a decantarse por este *software*.

Una de las características de Chrome es la integración de aplicaciones variopintas que se integran en el propio navegador. Aun siendo similar como Firefox, estas aplicaciones actúan como una aplicación para un sistema operativo, pero no tiene de intermediario, entre la aplicación y el *hardware*, al propio sistema operativo, sino al navegador. Es de entender esta mecánica de funcionamiento, no obstante Google presentó un sistema operativo llamado Chrome OS que permitía, a un ordenador, cargar su sistema operativo y aplicaciones a través de internet.

- Chromium (https://www.chromium.org/): aunque su diseño y características se asemejan al Chrome solo se utiliza en entornos con un sistema operativo base GNU/Linux. Es un proyecto de *software* libre con el cual se ha desarrollado el navegador Google Chrome y es de participación comunitaria (bajo el ámbito de Google Code), incluye también el sistema operativo Google Chrome OS. El desarrollo propietario de Google está amparado por la licencia de uso BSD, con otras partes sujetas a una variedad de licencias de código abierto permisivas que incluyen MIT License, Ms-PL y la triple licencia MPL/GPL/LGPL. En esencia, los aportes hechos por el proyecto libre Chromium fundamentan el código fuente del navegador base sobre el que está construido Chrome y, por tanto, tendrá sus mismas características, pero con un logotipo ligeramente diferente y sin el apoyo comercial o técnico de la compañía Google.

- Safari: es un navegador web cuyo *software* es propietario. Es desarrollado por Apple Inc. Está disponible para Mac OS X, iOS y sistemas Windows. Es un *software* muy «pesado» en sistemas Windows por lo que su uso, en estos sistemas, es minoritario.

- Arora: es un navegador de código abierto basado en Qt 4 y WebKit como motor de renderizado. Hay diversos desarrolladores como Apple Inc., Google, Nokia, RIM, Igalia, etc. Por lo que el interés comercial le hace ser un *software* potente y más al ser utilizado por navegadores como Google Chrome y Safari. Arora es multiplataforma, capaz de correr en sistemas como: Windows, Linux, Mac OSX, FreeBSD y cualquier otra plataforma que soporte la biblioteca Qt, esto implica que su uso puede extenderse dispositivos móviles.

- Avant Browser: es de uso gratuito. Como funcionalidad destacable está la inclusión de renderizado de otros motores como: Internet Explorer, Firefox y Chrome.

- Konqueror: es más que un navegador web. Está integrado en el gestor de escritorios KDE (para sistemas operativos base GNU/Linux). Permite administrar archivos, visor de archivos y navegador web. Es *software* libre y de código abierto pudiendo desarrollar módulos y enlazarlos con la aplicación y está liberado bajo la licencia GPL.

- Beonex Communicator: es un navegador web basado en el código Mozilla. Está formado por Navegador, Lector de Noticias/Correo, Compositor, y por ChatZilla (una aplicación para conversaciones por IRC). Tiene versiones para Windows, Linux, MacOS y FreeBSD.

- Galeon: es un navegador web libre creado para el proyecto GNOME (Escritorio para GNU/Linux). Galeon está basado en el motor de renderizado Gecko, el mismo que utiliza Mozilla Firefox.

- K-Meleon: es un navegador de internet extremadamente rápido, ligero y configurable, basado en el motor de renderizado Gecko, desarrollado por Mozilla y que también usa Firefox. K-Meleon es *software* libre, de código abierto, distribuido bajo Licencia Pública General GNU y diseñado específicamente para sistemas operativos Microsoft Windows (Win32).

- Camino: es un navegador web libre, de código abierto, con interfaz gráfica de usuario basado en el motor de renderizado Gecko de Mozilla, y específicamente diseñado para el sistema operativo Mac OS X.

- SeaMonkey (http://www.seamonkey-project.org/): es una *suite*, o conjunto de aplicaciones informática, para internet compuesta por navegador web, cliente de correo electrónico, libreta de contactos, editor de páginas web (Composer) y cliente de IRC (ChatZilla).

Atajos de teclado para navegadores de internet	
Combinación	**Resultado**
[CTRL]+[N]	Abre una nueva ventana del navegador.
[CTRL]+[T]	Abre una nueva pestaña en blanco en el navegador.
[CTRL]+[SHIFT]+[T]	Abre la última pestaña cerrada.
[CTRL]+[Tab]:	Podremos ir moviéndonos de pestaña en pestaña de modo secuencial y hacia delante o derecha. Para realizar la misma opción pero hacia atrás o izquierda pulsaremos [CTRL]-[Shift]-[Tab].
[ALT]+[D]	Se pasa el foco del cursor a la barra de direcciones del navegador.
[CTRL]+[J]	Gestión de descargas.

Atajos de teclado para navegadores de internet	
Combinación	**Resultado**
[CTRL]+[Enter]	Completa la dirección web. Por ejemplo, si escribimos, en la barra de direcciones, «securitybydefault» y procedemos a pulsar la combinación de teclas [CTRL]-[Enter] el navegador irá inmediatamente a www.securitybydefault.com.
[CTRL]+[D]	Procede a agregar la página actual a «favoritos».
[CTRL]+[+]	Aumenta el tamaño de todos los elementos de la página.
[CTRL]+[−] (signo menos)	Disminuye de tamaño todos los elementos de la página.
[CTRL]+[0] (carácter cero)	Devuelve todo el tamaño al modo inicial.
[CTRL]+[F4]	Cierra el navegador.
[Alt]+[flecha izquierda]	Volver a cargar la página anterior a la actual.
[Alt]+[flecha derecha]	Volver a cargar la página siguiente a la actual.
[F5]	Recargar la página actual.
[ESC]	Cancela la carga actual de la página. Útil si la carga de la página es excesivamente lenta.
[CTRL]+[F]	Aparece un cuadro de texto que nos permitirá realizar una búsqueda selectiva en el texto de la página actual.
[CTRL]+[P]	Nos permite imprimir la página actual.
[F11]	Indica al navegador que se desea ver la página a pantalla completa. Si está en pantalla completa pasa a navegación normal.
[F12]	Inspector de objetos.
[Barra espaciadora]	Se desplaza, hacia abajo, un recuadro del navegador. Resulta como si dividiera la página en trozos virtuales visibles en el navegador y salta de recuadro en recuadro como si fuera una paginación.
[SHIFT]+[barra espaciadora]	Se desplaza, hacia arriba, un recuadro del navegador.
[CTRL]+[SHIFT]+[P]	Abre una ventana para navegación de incógnito. No se guardan *cookies*. Esto es en Firefox y Edge (IE). En Chrome se sustituye «P» por «N».
[CTRL]+[SHIFT]+[I]	Recuadro de inspección.
[CTRL]+[SHIFT]+[Q]	Se cierra el navegador.

1.3. Sistemas de correo electrónico, chat y foros. Reglas de conducta que se deben aplicar en los foros, chat y correo electrónico

Correo electrónico

Uno de los servicios más importantes es el sistema de **correo electrónico**. ¿En qué consiste? Consiste en la transferencia, a través de internet, de mensajes y/o archivos entre dos o más usuarios. ¿Qué protocolo utiliza? Para el envío de correo entre el usuario remitente y el servidor del usuario destino se utiliza el protocolo de red **SMTP** (Simple Mail Transfer Protocol). Sin embargo, la entrega del correo entre el servidor del usuario final y el ordenador del usuario destino se utiliza, habitualmente, el protocolo **IMAP** (Internet Message Access Protocol) o el protocolo **POP3** (Post Office Protocol).

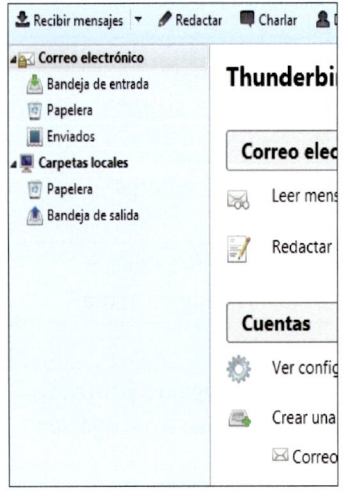

Figura 1.27. Detalle de Thunderbird.

En la Figura 1.27 se aprecia parte de la aplicación de correo electrónico Thunderbird. En esta imagen aparecen las distintas carpetas de una cuenta de correo electrónico. La cuenta, además, utiliza certificado digital para sus transacciones (imagen de candado cerrado).

Tanto el protocolo SMTP como POP3 e IMAP son protocolos del nivel de aplicación en el modelo **OSI**.

En la Figura 1.28 el lector observará la configuración de recepción del correo electrónico. En este caso se utiliza el protocolo IMAP con seguridad en la conexión. El servidor de envío de correo está en la opción de «Servidor de salida (SMTP)».

Puertos que utilizan los protocolos de correo:

- SMTP: el protocolo SMTP (protocolo simple de transferencia de correo) es el protocolo estándar que permite la transferencia de correo de un servidor a otro mediante una conexión punto a punto. Puertos de uso son 25 y 587 (se suele utilizar para saltar el filtro del puerto 25).

- POP3: el protocolo POP (protocolo de oficina de correos), como su nombre lo indica, permite recoger el correo electrónico en un servidor remoto (servidor POP).

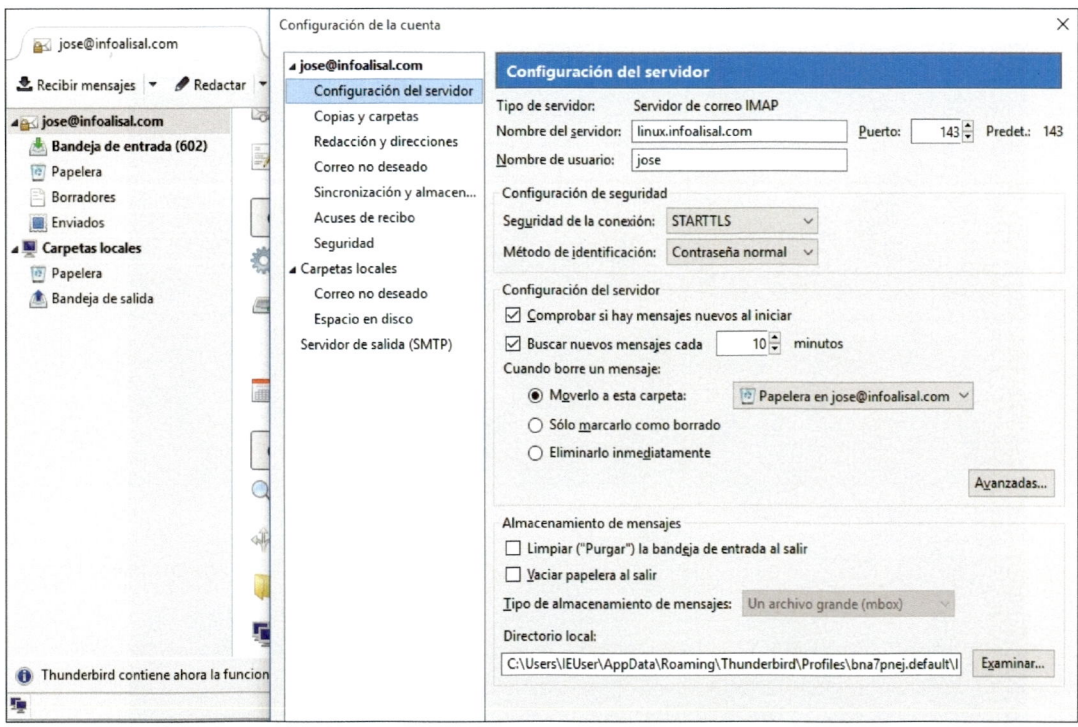

Figura 1.28. Configuración de Thunderbird.

Es necesario para las personas que no están permanentemente conectadas a internet, ya que así pueden consultar sus correos electrónicos reci-
bidos sin que ellos estén conectados. Utiliza el puerto 110.

- IMAP: el protocolo IMAP (protocolo de acceso a mensajes de internet) es
  un protocolo alternativo al de POP3. Utiliza, habitualmente, el puerto 143.

Si deseamos realizar las operaciones de envío y de recepción de correo
de modo seguro (aparte de autenticación) deberá estar implementado
en nuestro servidor de referencia. Dicho servidor deberá contener las claves públicas y privadas para encriptar la comunicación entre el servidor
y el cliente. También podemos utilizar el puerto de cifrado específico para
cada uno de estos protocolos: SMTP: 465, IMAPS: 993, POP3S: 995.

El protocolo SMTP es el encargado de transportar el mensaje. ¿Es necesario
un programa cliente para enviar correo? Si observamos la Figura 1.29 vemos
que no es necesario. Se ha utilizado el programa telnet y abriendo el puerto
25 para enviar un correo. Para construir el mensaje completo se ha utilizado
el protocolo SMTP.

C:\telnet servidor 25

```
▣▪ Administrador: Símbolo del sistema
220 linux.:           .com ESMTP Postfix (Debian/GNU)
EHLO linux
250-linux.'          '.com
250-PIPELINING
250-SIZE 34000000
250-VRFY
250-ETRN
250-STARTTLS
250-AUTH LOGIN PLAIN
250-AUTH=LOGIN PLAIN
250-ENHANCEDSTATUSCODES
250-8BITMIME
250 DSN
MAIL FROM: <jose@dominio.es>
250 2.1.0 Ok
RCPT TO: <jose@i          .com>
250 2.1.5 Ok
DATA
354 End data with <CR><LF>.<CR><LF>
SUBJECT: Ejemplo de protocolo de correo.
En un lugar de la mancha de
cuyo nombre no quiero acordarme.

Hasta luego.
.
250 2.0.0 Ok: queued as D9A9C23203
quit
502 5.5.2 Error: command not recognized
quit
221 2.0.0 Bye

Se ha perdido la conexión con el host.
```

Figura 1.29. Comportamiento del protocolo SMTP.

Para saber más:

Si al lector le interesa conocer más sobre este protocolo, un punto de comienzo puede ser la visita a la página de Wikipedia https://es.wikipedia.org/wiki/Simple_ Mail_Transfer_Protocol.

¿Qué diferencias existen entre los protocolos IMAP y POP3?

IMAP (puerto 143)	POP3 (puerto 110)
Si configuramos el servidor de entrega de correo electrónico con una conexión IMAP, estaremos accediendo y administrando directamente el correo en el servidor.	Sin embargo, si fuera con una conexión POP3, los nuevos mensajes se descargan en tu ordenador y se borran del servidor. A no ser que configuremos en el programa cliente que cree una copia de los correos en el servidor.

IMAP (puerto 143)	POP3 (puerto 110)
Acceso: gracias a que los correos están en el servidor, es posible acceder al correo desde cualquier dispositivo con un cliente de correo convenientemente configurador.	Acceso: solo se puede acceder a los correos en aquel dispositivo desde el que se ha accedido al servidor de correo.
Almacenamiento: se ha de controlar el tamaño de los mensajes. Si se excede del tamaño permitido dejaremos de recibir correos. El servidor los rechazará por exceso de cuota. Hemos de revisar con cierta periodicidad la conveniencia de borrar mensajes.	Almacenamiento: no debemos preocuparnos del almacenamiento en el servidor. Tus mensajes se guardan en tu equipo, por lo que puedes descargar tantos mensajes como pueda almacenar tu equipo.
Copia de seguridad: habitualmente los servidores realizan copias de seguridad en el cual se incluyen nuestros mensajes. Si por algún error eliminamos un mensaje, el administrador del servidor puede recuperarlo, incluso pasados unos días.	Copia de seguridad: en este caso somos responsables de la copia de seguridad en nuestro equipo. Si eliminamos un mensaje y no tenemos copia de seguridad, el mensaje le habremos perdido.
Conexión a internet: si no tenemos conexión a internet, no podremos leer nuestros correos.	Conexión a internet: necesitaremos conexión a internet para descargar los correos, pero no para leerlos.

No debemos olvidar que, independientemente del protocolo de recepción de correo, podremos acceder al correo a través de aplicaciones web denominadas *webmail*.

Chat

Aunque el lector ya sabe qué es y para qué se utiliza el chat por utilizarlo en alguna ocasión, podemos hacer una visita a la Wikipedia, por ejemplo, y vemos que define chat (término proveniente del inglés que en español equivale a charla) a una comunicación escrita realizada, de forma instantánea y habitualmente por escrito, mediante el uso de un *software* y a través de internet entre dos, tres o más personas ya sea de manera pública a través de los llamados chats públicos (mediante los cuales cualquier usuario puede tener acceso a la conversación) o privada, en los que se comunican dos o más personas.

Habitualmente cuando hay más de dos personas en el chat se suele denominar «salón». Y suele ser por invitación. Por ejemplo, dos personas inician un chat y vemos que otro usuario quiere contactar con uno de los participantes, el participante en el chat puede invitar a unirse a la conversación al usuario que quiere contactar. Se habrá formado un salón de chat.

Otra característica es que los chats pueden ser públicos o privados. En los chats públicos todos los usuarios conectados a él pueden participar en la conversación. En un chat privado solo los participantes invitados expresamente pueden hablar.

El protocolo que se utilizan en los chats es el denominado IRC (*Internet Relay Chat*). Es un protocolo de comunicación en tiempo real basado en texto. Se diferencia de la mensajería instantánea en que los usuarios no deben acceder a establecer la comunicación de antemano, de tal forma que todos los usuarios que se encuentran en un canal pueden comunicarse entre sí, aunque no hayan tenido ningún contacto anterior. Las conversaciones se desarrollan en los llamados canales de IRC, designados por nombres que habitualmente comienzan con el carácter # o & (este último solo es utilizado en canales locales del servidor). Es un sistema de charlas ampliamente utilizado por personas de todo el mundo.

Para utilizar el chat o IRC los usuarios usan una aplicación cliente para conectarse con un servidor, en el que funciona un servidor IRCd que gestiona los canales y las conversaciones grupales o de salón.

Sin embargo, se puede chatear en la red con varios tipos de conexiones. Son muy habituales las conexiones de WebChat o chat a través del navegador y servidores de mensajería instantánea. Las conexiones WebChat suelen utilizar el protocolo IRC, que significa Internet Relay Chat. El chat puede realizarse incluyendo vídeo o audio. Estas modalidades son conocidas como Videochat o Audiochat.

Uno de los programas más utilizados para unirse a los chats es la aplicación mIRC (http://www.mirc.com/get.html).

Se suele usar un pseudónimo o *nick* con el que identificarse en la red. El uso de identidades fraudulentas es habitual en algunos chats.

En la Figura 1.30 se muestra la ejecución del programa mIRC donde aparecen tres salones a los que se ha conectado un usuario. El lector puede fijarse, a la derecha, los usuarios conectados y el «nick» o alias que utiliza. También puede observar que hay usuarios con el carácter «@» a la izquierda, es indicativo de que es un administrador del salón. Estos administradores tienen la facultad de moderar los debates y cuidar el cumplimiento de las normas del salón.

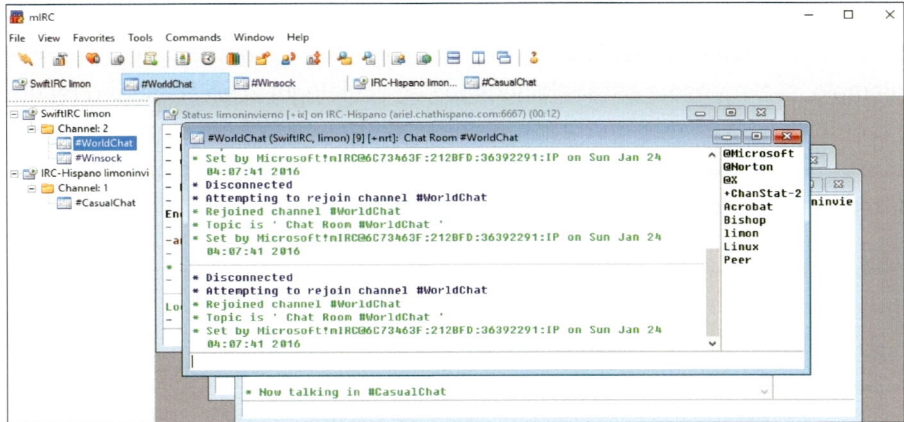

Figura 1.30. Aplicación de chat (mIRC).

Si un usuario se excede en el lenguaje o utiliza el chat como plataforma de publicidad el moderador puede expulsar de la sala al usuario que incumpla las normas.

Para acceder a las salas podremos realizarlo a través del navegador. Un servidor IRC muy conocido es http://www.irc-hispano.org/. Podremos conectarnos al chat mediante el WebChat que nos proporciona el propio servidor.

Si no encontramos una sala que nos convenza podremos crear una sala nueva y podremos actuar como administrador o moderador.

En los chats podremos interactuar mediante comandos para realizar una serie de acciones. El autor indica varios comandos y sus argumentos que no siempre funcionarán en todos los chats:

- /get name: tipo de chat.

- /kick [nombre de usuario]: quitar a un miembro del chat (solo el administrador). Tanto tú como otros miembros del chat pueden agregar a esta persona de nuevo más adelante.

- /setrole [nombre de usuario] MASTER: puedes compartir el moderador con el usuario indicado (solo si eres administrador).

- /showmembers: para obtener una lista de los miembros y sus roles actuales.

- /help: obtención de las órdenes o comandos disponibles en el chat.

Foros

Un foro, o foro de discusión como también es llamado, en internet es una aplicación web que da soporte a discusiones y/u opiniones entre sus miembros. A diferencia de los chats, estas discusiones u opiniones no son en tiempo real, sino en diferido. Es decir, un usuario deja un mensaje y la respuesta puede tardar horas, días, etc. normalmente, cada foro se organiza en categorías. Por ejemplo, si el mensaje está relacionado con la biología, bien el usuario (si tiene permisos) o el administrador puede crear una categoría específica para que aquellos usuarios que quieran conocer el mensaje puedan orientarse sobre el tema de dicho mensaje y abrirse un «hilo» de conversación.

Figura 1.31. Ejemplo de un foro.

En la Figura 1.31 podemos observar la apariencia de un foro. Normalmente el foro tiene una estructura ordenada. Cada categoría contiene, a su vez, foros cuya intención es «categorizar», por ejemplo, por temas, dichos foros. Así, cada hilo argumental estará bien categorizado. En ocasiones, el administrador detecta que se ha expresado una opinión o duda en un foro que no es el apropiado. Bien, entonces el administrador o moderador puede optar, bien por eliminar el mensaje si no es adecuado en cuanto al lenguaje utilizado, bien por moverlo hacia el hilo argumental adecuado con el mensaje escrito.

Los foros permiten el análisis, la confrontación y la discusión, pues en ellos se tratan temas específicos de interés para un grupo de personas. Dependiendo del foro, se necesitará registrarse para poder comentar o se podrá hacerlo de forma invitada (sin necesidad de registro ni conexión).

La tarea del moderador es una parte esencial en un foro. Es el encargado de:

- Anunciar el tema, hecho, problema o actividad que se va a discutir o analizar y lo ubica dentro del foro.

- Describir la actividad que se va a realizar, da las instrucciones sobre las normas que regulan la participación y deben cumplir los asistentes.

- Aplicar la normativa a los usuarios infractores.

- Expulsar a la persona que interfiera en el desarrollo normal del foro.

- Mantener el orden dentro de los temas eliminando los mensajes que no son de interés general o elimina respuestas fuera de contenido.

- Cerrar el foro una vez que se resolvió el problema, tema, hecho o actividad discernida cuando los usuarios se han desviado del tema.

Reglas de buenas costumbres en los mensajes en internet

- Ser rápido en las respuestas y prestar atención al mensaje, pero nunca impulsivo.

- Ser amable haciendo un uso educado y cortés del lenguaje: gracias, buenos días, siempre dando respuesta, etc. Debemos saber que el lenguaje escrito es más frío y distante porque nos falta el lenguaje gestual de una conversación presencial, por lo que se tendrá que hacer un mayor esfuerzo para superar esta barrera.

- Ser escueto y conciso.

- No ser pesado. No te comuniques en exceso y siempre para comunicar algo concreto.

- Ser honesto.

- Ser transparente.

- Si no se va a hacer bien, mejor no hacerlo.

- Ser tolerante.

- Ser consecuente.

- Nunca discutir.

- Ser flexible.

- No ignorar las críticas. Enfrentarlas y aprender de ellas. Si no se está de acuerdo argumentar con cordialidad.

- Protocolizar ciertas respuestas. De esta manera se consigue mayor agilidad y eficacia en las respuestas, además de evitar ciertas improvisaciones que pudieran no ser acertadas o bien evaluadas.

- El perfil puede indicar el estado en el que nos encontramos y puede ser una información importante para quien quiere enviarte un mensaje.

- No realizar *spam* o mensajes no deseados (publicidad, mensajes de cadenas, etc.).

- Recordar que hay una ley, LOPD, que puede castigar ciertas acciones no deseadas por los usuarios con los que hay comunicación.

- «Donde fueres haz lo que vieres». Adaptar el nivel al lenguaje del interlocutor, porque además de hacer un ejercicio personal que desarrollará su habilidad de empatía e inteligencia, tendrá una conversación más fluida y cercana.

- Recordar que los mensajes están guardados.

- Usar emoticonos para expresar emociones o enfatizar el lenguaje.

- Cuando se escriba un mensaje no esperar una respuesta inmediata, aunque el interlocutor aparezca que está en línea y el mensaje lo considere urgente no se puede percibir, realmente, en qué situación se encuentra el receptor.

- Acostumbrarse a contestar los mensajes que se reciban. Es un signo de educación contestar con al menos un OK o emoticono cómo símbolo de recepción y lectura.

- Usar mayúsculas en los mensajes que únicamente quieren expresar un grito. Escribir constantemente en mayúsculas es signo de enfado y continuo alzamiento de voz.

1.4. Transferencia de ficheros. Explicación de las técnicas de transferencias de ficheros a nivel de usuario y discriminando las que aportan elementos de seguridad tanto para identificación como cifrado

¿Qué entendemos por transferencia de archivos? Quizás lo entendamos con un sencillo ejemplo. Cuando copiamos un vídeo, una imagen o un documento desde un dispositivo de almacenamiento masivo a otro (desde el disco duro a un *pendrive*) estamos haciendo transferencia de archivos. Estamos copiando datos de un sitio a otro.

El ejemplo es válido en un entorno local, pero es extensible a un entorno de red. Es decir, «copiamos» un archivo desde una ubicación local, nuestro ordenador, hasta otro equipo, por ejemplo, un servidor.

En el caso de transferencias entre dos puntos de la red (dos ordenadores), en una arquitectura cliente/servidor, deben existir unos protocolos que permitan ponerse de acuerdo para iniciar la transferencia y saber el destino que recibe un archivo.

Un protocolo muy conocido y desarrollado para la transferencia de archivos es el protocolo FTP (File Transfer Protocol). Es un protocolo de red para la transferencia de archivos entre sistemas conectados a una red TCP (Transmission Control Protocol), basado en la arquitectura cliente-servidor.

El protocolo FTP «escucha» por los puertos 20 y 21. El puerto 21 se utiliza para mantener un protocolo de conectividad entre dos puntos y el puerto 20 se utiliza para la transferencia de archivos.

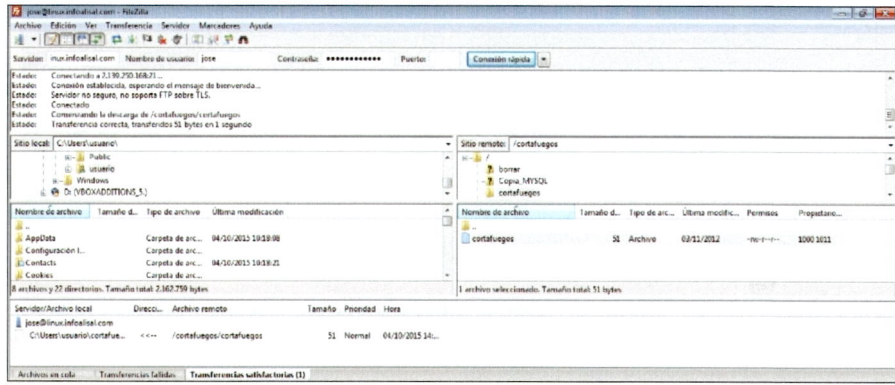

Figura 1.32. Cliente FTP.

En la Figura 1.32 observamos la presentación de un cliente FTP conocido, Filezilla (https://filezilla-project.org/), donde se observan hasta seis ventanas. En la ventana superior aparecen las comunicaciones propias del protocolo y las órdenes que se van ejecutando. De las cuatro ventanas inferiores, en la columna de la izquierda veremos la parte local de la comunicación y podremos «navegar» por los archivos locales. Y en su parte derecha tiene la misma funcionalidad que en su parte izquierda, pero correspondiente a su ubicación remota. Y, por último, en la ventana inferior hay tres pestañas: cola de transferencia de archivos (de local a remoto o viceversa), transferencias fallidas y transferencias realizadas con éxito.

Aunque para la transferencia de archivos es muy común utilizar este protocolo, FTP, también tenemos la opción de realizar esta operación mediante un protocolo con seguridad, SFTP. Este protocolo se realiza mediante una «tunelización» realizada, por ejemplo, con SSH.

Si bien se ha mostrado una herramienta gráfica, la Figura 1.32, como cliente FTP también disponemos de una herramienta en modo consola. En la Figura 1.33 mostramos cómo conectar con el servidor (en nuestro caso utilizamos la identificación por IPv4 – 192.168.2.1) y le indicamos nuestras credenciales. Posteriormente le damos una orden de visionado del directorio principal (ls –al).

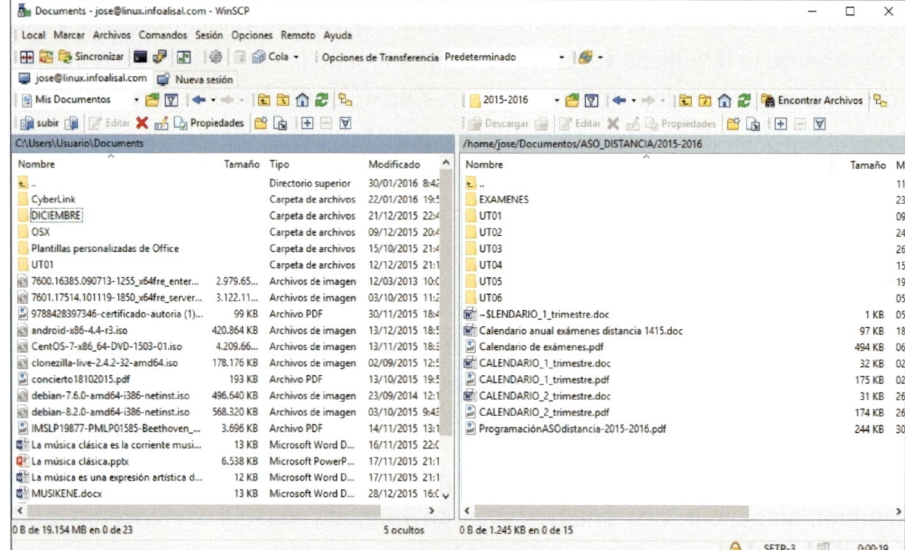

Figura 1.33. FTP por consola.

SFTP

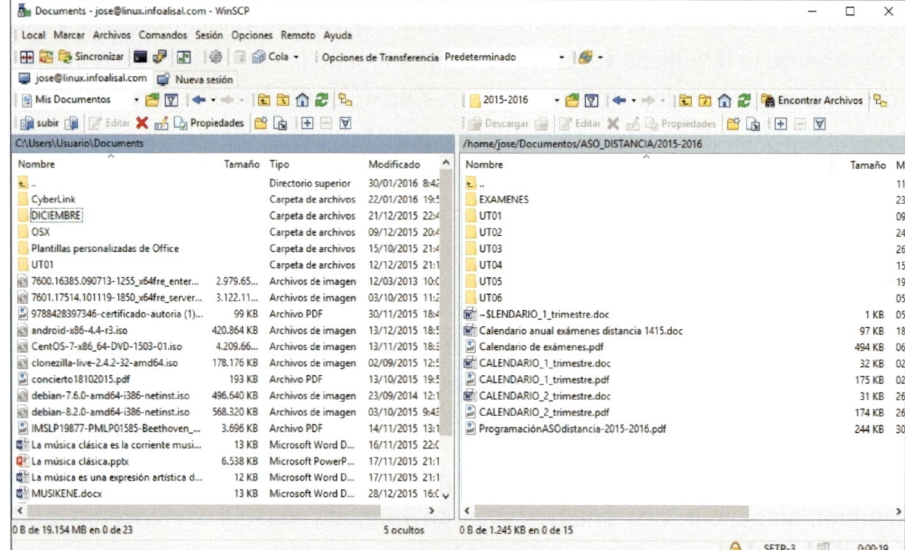

Figura 1.34. WinSCP.

Sus siglas significan SSH File Transfer Protocol, es completamente diferente del protocolo FTP (File Transfer Protocol). SFTP fue construido desde cero y añade la característica de FTP a SSH. Solo usa un canal de comunicación, envía y recibe los mensajes en binario (y no en formato texto como hace FTP).

En la Figura 1.34 observaremos el entorno gráfico de la herramienta WinSCP (https://winscp.net/eng/docs/lang:es). El lector observará que es similar, en cuanto a su funcionalidad, al cliente FTP Filezilla.

A diferencia del protocolo FTP, SFTP (gracias al protocolo SSH), se puede implementar un sistema de intercambio de claves pública y privada.

¿Cuál es el procedimiento? Supongamos que necesitamos conectarnos a un servidor GNU/Linux desde un cliente Windows. En el servidor tenemos «corriendo» un servidor SSH y en el cliente un *software* de aplicación que nos permite conectarnos para transferir archivos a ese servidor (por ejemplo, WinSCP).

Bien, lo primero que debemos hacer es crear las claves pública y privada. Podemos hacerlo con la herramienta puttygen (http://www.putty.org) o bien generarla en el servidor. En el caso del servidor lo haremos con la orden ssh-keygen:

usuario@linux:~$ssh-keygen

NOTA: por defecto, ssh-keygen generará claves siguiendo el estándar del sistema criptográfico RSA (SSH2). SSH-KEYGEN tiene, además, la opción de generar claves siguiendo el sistema de firma digital DSA (SSH2). Aunque no es aconsejable, podemos generar claves siguiendo el sistema criptográfico RSA1 (SSH1). El ejemplo anterior tiene la misma validez que: ssh-keygen –t rsa. Las otras opciones son: ssh-keygen –t rsa1 y ssh-keygen –t dsa.

Inmediatamente nos pregunta si queremos guardarlo en un fichero que nos muestra por defecto. Habitualmente nos indicará el directorio y archivo .ssh/id_rsa (/home/usuario/.ssh/id_rsa – dentro del área de trabajo del usuario que en nuestro caso se llama «usuario»).

Nos pedirá que introduzcamos (o dejemos vacío) una frase de paso que deberemos repetir (si lo dejamos vacío pulsamos dos veces «enter»).

Obtendremos dos archivos: id_rsa (clave privada) e id_rsa.pub (clave pública).

La parte pública la añadiremos al archivo authorized_keys. Podemos hacerlo de la siguiente manera:

usuario@linux:~$cat id_rsa.pub >> authorized_keys

Añadiremos, sin borrar las demás, la clave pública al archivo authorized_keys.

La parte privada la guardaremos en un archivo en el cliente, en nuestro caso Windows.

Si en el lado del cliente utilizamos Putty (es el más usado) debemos importar la clave pública con PuttyGen.

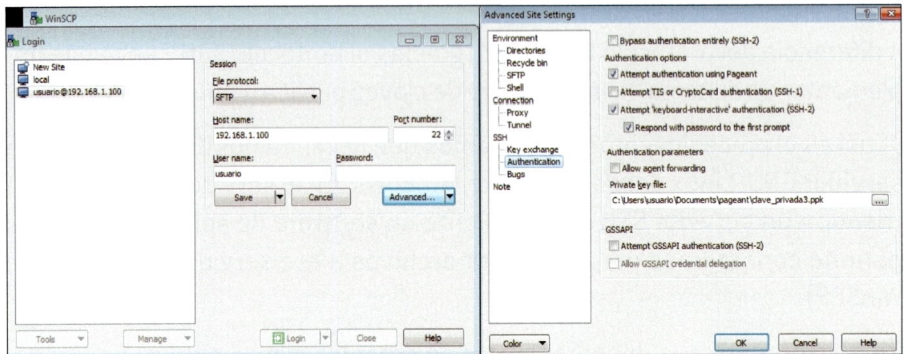

Figura 1.35. Ejemplo de configuración SSH.

Una vez hecho esto, configuramos Winscp donde indicaremos el servidor, el usuario y pulsando el botón de «Advanced» nos aparecerá el cuadro de diálogo de la derecha, tal como se aprecia en la Figura 1.35, y seleccionamos «Authentication» y, en su parte de «Private Key file», seleccionamos el archivo exportado con Puttygen que contendrá la clave privada.

Guardamos la sesión y podremos acceder sin problemas.

El autor lo ha realizado de forma «complicada». El lector puede realizar las claves con el programa **Puttygen**. Solo que en este caso deberá copiar la clave pública al archivo authorized_keys del servidor.

FTPS

Es una extensión de FTP mediante SSL para el cifrado de los datos. La comunicación puede ser o no ser cifrada en el canal de comandos, en el canal de datos, o más a menudo en ambos. Si el canal de comandos no se cifra, se dice que el protocolo está usando un canal de comandos en claro (CCC). Si el canal de datos no está cifrado, se dice que el protocolo utiliza un canal de datos en claro (CDC).

¿Cuál es más seguro? Técnicamente SFTP es más avanzado que FTPS, sin embargo, algunos dispositivos pueden no ser compatibles con SFTP (como los móviles, consolas, etc.) y, sin embargo, con FTPS sí lo son.

Transferencias de archivo en la nube

Actualmente hay un servicio de transferencias de archivo con «la nube». El servicio consiste en sincronizar una o varias carpetas o directorios de un equipo local con una ubicación en «la nube». Este procedimiento es totalmente transparente al usuario. El *software* o aplicación que se encarga de la tarea de sincronización comprueba cada cierto periodo de tiempo las diferencias entre los archivos locales (solo de la carpeta a sincronizar) con la ubicación remota. Si los archivos de la nube son más recientes transfiere los archivos desde la nube hasta nuestro equipo local. Por el contrario, si los archivos más recientes son los ubicados en el equipo local procederá a actualizarlos con la ubicación remota.

Sin embargo, en ocasiones hay una diferencia de tamaños y/o fechas que hace «dudar» a la aplicación de transferencia. En este caso lo notificará al usuario ofreciendo la posibilidad de renombrar el archivo local. Desde luego, el nuevo archivo resultante se sincronizará con el servidor.

Los servidores de «nube» más conocidos en la actualidad son: Dropbox, Google Drive y OneDrive.

También disponemos de otras alternativas como: Box (https://www.box.com/es_ES/front/), Bitcasa (http://www.bitcasa.com/es/), IDriveSync (https://www.idrivesync.com/), Cubby (https://www.cubby.com/), JustCloud (http://www.justcloud.com/), JottaCloud (https://www.jottacloud.com/) y otros.

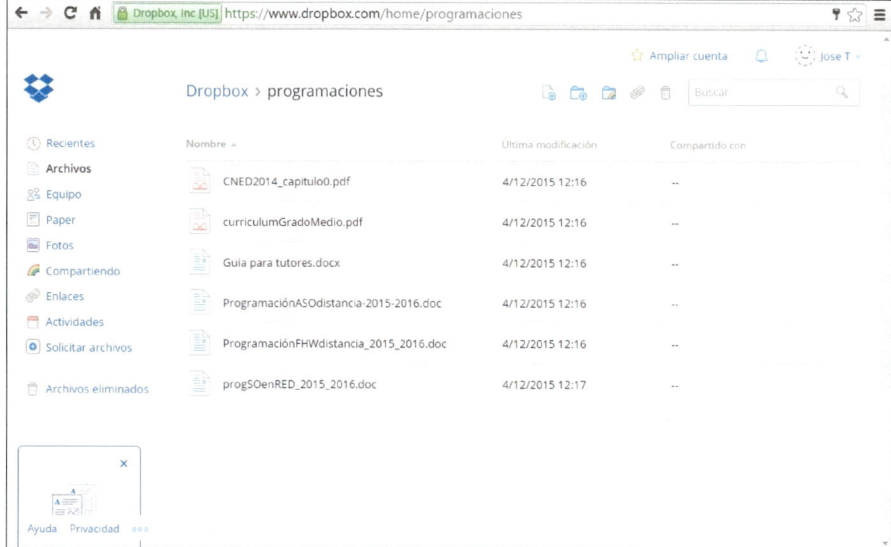

Figura 1.36. La nube en web.

Aparte de sincronizar los archivos, estos servidores permiten la posibilidad de actualizar los archivos a través del panel de control del usuario que podremos encontrar a través del navegador.

En la Figura 1.36 observamos el panel de control del usuario autenticado en Dropbox (https://www.dropbox.com/home). En la parte superior derecha encontramos unos iconos indicativos de acciones de archivado: crear carpeta, subir archivos, borrar, etc. En su parte izquierda enlaces simbólicos y, seguidamente, las distintas carpetas y archivos donde el lector observará si la carpeta o archivo está compartido y su última modificación (si ha sido creada por nosotros).

El autor aconseja su uso por su comodidad (no necesita lápices de memoria o *pendrives*) en cuanto a copias de seguridad y transportabilidad.

1.5. Proyectos de *software* libre en la web. Identificación de los sitios para encontrarlos, dónde bajar el *software* y cómo contactar con la comunidad

Los proyectos que se desarrollan por un equipo de desarrolladores que no están en contacto físico y, por tanto, no comparten una red local, sino que necesitan de una conexión WAN para comunicarse entre los distintos componentes del equipo, necesitan de un sistema eficaz que permita llevar a buen fin un determinado proyecto.

Para ello necesitan, primero, un servidor donde alojar los archivos fuente del proyecto. Por ejemplo, si el proyecto es desarrollar una aplicación se necesitará organizar el sitio del servidor para albergar todos los archivos fuente, archivos documentales, versiones, etc. que implican al proyecto.

Qué duda cabe que si hablamos de aplicaciones de *software* libre los componentes del proyecto son, en muchas ocasiones, voluntarios que desean colaborar en el proyecto y que, además, están en una ubicación remota entre sí. Se necesitan servidores de confluencia y que, además, no generen costes.

En el presente libro solo se mencionarán los más conocidos y refutados sitios que albergan proyectos de *software* libre.

SourceForge

SourceForge (http://sourceforge.net/) es un sitio web que actúa como repositorios de proyectos *software*. Su finalidad es permitir el desarrollo de proyectos de *software* en formato colaborativo. Es muy popular entre la comunidad de *software* libre. Fue fundado en 1999 por VA Software y, desde el 18 de septiembre de 2013, es comercializado por Dice Holdings. Provee una portada para un amplio rango de servicios útiles para los procesos de desarrollo de *software* e integra un amplio número de aplicaciones de *software* libre.

SourceForge actúa como una central de desarrollos de *software* que controla y gestiona varios proyectos de *software* libre actuando como un repositorio de código fuente. SourceForge.net es hospedado por VA Software y corre en una versión del *software* SourceForge. Ofrece alojamiento a los proyectos tan populares como Winscp, Doffen SSH Tunnel, FileZilla, 7-Zip, phpMyAdmin, etc.

La manera de comunicarse con los desarrolladores es mediante un mensaje a través de la web. Para poder realizar esta acción debemos estar dados de alta en SourceForge. Es decir, necesitamos unas credenciales de acceso para realizar los comentarios sobre la aplicación de la cual queremos dejar constancia de nuestra colaboración.

GitHub

En *software* libre, sin duda, una de las plataformas más conocidas es GitHub. Esta plataforma tiene un rasgo en común, el ser una plataforma colaborativa en cuanto a revisión y desarrollo de *software*.

En esta plataforma se desarrollan cantidad de *software* libres y públicos, pero también se desarrollan *software* privados. El uso privado tiene un coste económico derivado al que deben hacer frente quien quiera utilizar esta plataforma. Sin embargo, el uso para el desarrollo de *software* libre y/o gratuito será gratis.

 GitHub aloja el repositorio de código y brinda herramientas útiles para el trabajo en equipo, dentro de un proyecto. Además de eso, se puede contribuir a mejorar el *software* de los demás proyectos. Para poder alcanzar esta meta, GitHub provee de funcionalidades para hacer un *fork* y solicitar *pulls*.

Realizar un *fork* es clonar un repositorio ajeno en la cuenta, para eliminar algún *bug* o modificar cosas de él. Una vez realizadas las modificaciones, se puede enviar un *pull* o aviso al propietario del proyecto. Este podrá analizar los cambios que se han realizado fácilmente, y si se considera interesante la contribución, adjuntarlo con el repositorio original.

¿Cómo acceder a un proyecto? GitHub, en su página principal (https://github.com/), tiene un botón «explore» que nos permitirá ir navegando por distintos proyectos. También nos permite realizar una búsqueda selectiva indicando el proyecto o mediante una palabra clave; a partir de aquí nos mostrará las posibles coincidencias.

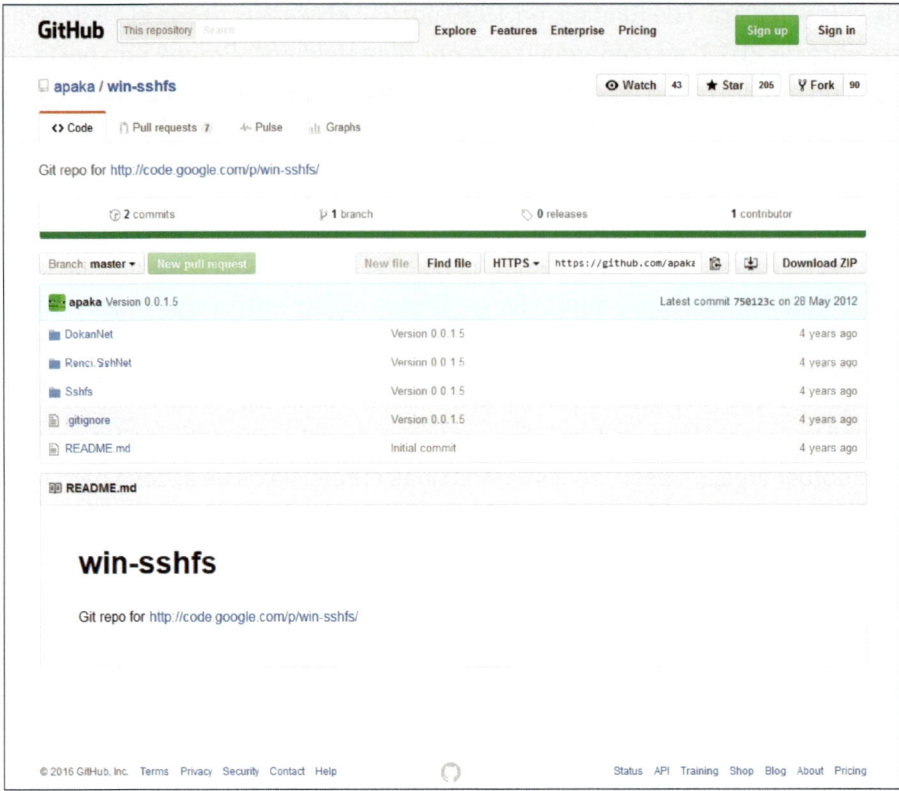

Figura 1.37. Ejemplo de nube personal.

Un ejemplo: el autor conoce un proyecto, win/sshfs, que tiene la originalidad de ser una aplicación cuya misión es conectar con un servidor SSH y «montar» la conexión como si fuera una unidad lógica.

En la Figura 1.37 observamos la página principal del «repo» de GitHub. Observamos que hay dos actualizaciones «commits», una rama «branch» y un contribuyente «contributor». Además, nos indica que hay un repositorio en la dirección http://code.google.com/p/win-sshfs/. Si seguimos el enlace anterior nos encontraremos con un instalador para el sistema operativo Windows y con archivos empaquetados con los archivos fuente. Esto nos permitiría adaptar la aplicación a nuestras necesidades. También podemos aportar nuestro «granito de arena».

Code de Google

Google Code, al igual que SourceForge y GitHub, es un sitio de Google para desarrolladores interesados en el desarrollo Google-related/open-source. El sitio contiene códigos fuente abiertos, una lista de sus servicios de apoyo público y API.

En sus proyectos podemos encontrar tanto la codificación fuente como instaladores de pruebas.

Google, además, ofrece herramientas para los desarrolladores. Por ejemplo, Gear, crea una base de datos en el usuario colaborador de un proyecto y, cuando hay disponible una conexión, actualiza el repositorio.

Para saber más:

Que también hay proyectos de *software* libre que están respaldados bien por fundaciones, bien por empresas.

Sirva como ejemplos: Apache (http://www.apache.org/), PHP (http://www.php.net/), OpenOffice (https://www.openoffice.org/es/), LibreOffice (https://es.libreoffice.org/), Mysql (https://www.mysql.com/), etc. Sin olvidarnos de los sistemas operativos Linux como: Debian, OpenSuse, Fedora, etc.

1.6. Sistemas de control de versiones

Hoy en día, cualquier organización, sea pública o privada, que desarrolle *software* propio o para terceros debe valorar si la aplicación desarrollada perdurará en el tiempo o es una aplicación con un tiempo de vida corto y con un fin específico. Está claro que este requisito deberá estar definido en el proyecto de la aplicación informática.

Cuando una aplicación tiene visión de futuro y es de calidad, la aplicación debe evolucionar también.

¿Por qué? Porque a la hora de desarrollar un producto *software*, normalmente se implica un equipo de personas con unas tareas específicas sobre el producto. Esto requiere que haya un mínimo de organización. Para mantener organizado todo el proceso evolutivo nos pueden ayudar diversas herramientas.

¿Cómo debe hacerse? Mediante versiones que corresponderán a la evolución de la propia aplicación.

Definiremos control de versiones a la gestión de los diversos cambios producidos realizados sobre los elementos o módulos de algún producto *software*, en nuestro caso aplicación web, que afecta parcialmente al funcionamiento de este. La versión indicará cuán profunda es la revisión del producto de *software*. Y, además, indicará el estado en el que se encuentra en un momento dado en su desarrollo y/o modificación.

El método básico para el control de versiones es copiar los archivos de la versión base (última versión) a otro directorio nombrando dicho directorio de una manera que nos oriente qué es y/o para qué se va a utilizar. Y, a partir de aquí, empezar a añadir o modificar elementos de la nueva versión.

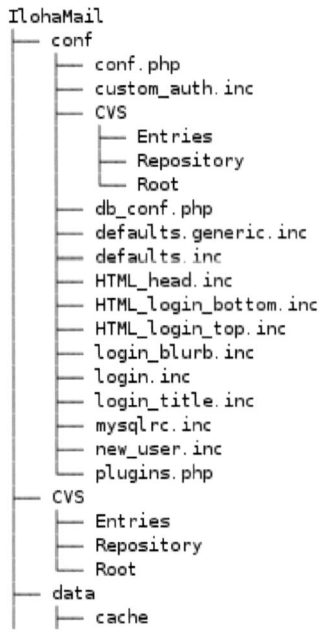

```
IlohaMail
├── conf
│   ├── conf.php
│   ├── custom_auth.inc
│   ├── CVS
│   │   ├── Entries
│   │   ├── Repository
│   │   └── Root
│   ├── db_conf.php
│   ├── defaults.generic.inc
│   ├── defaults.inc
│   ├── HTML_head.inc
│   ├── HTML_login_bottom.inc
│   ├── HTML_login_top.inc
│   ├── login_blurb.inc
│   ├── login.inc
│   ├── login_title.inc
│   ├── mysqlrc.inc
│   ├── new_user.inc
│   └── plugins.php
├── CVS
│   ├── Entries
│   ├── Repository
│   └── Root
├── data
│   ├── cache
```

Figura 1.38. «Árbol» de una aplicación web.

En la Figura 1.38 observamos un árbol de una aplicación web con toda su estructura arbórea. El lector puede observar elementos de documentación, CVS, donde aparecen entradas (Entries), repositorio (Repository) y raíz (Root).

Esta solución está muy extendida por ser muy sencilla su utilización. El problema que nos podemos encontrar es la grabación de los archivos. Es muy fácil no ubicar convenientemente, seguramente por prisas, el archivo resultante para su grabación. Esto puede provocar la grabación en un directorio o carpeta distinta a su ubicación «natural» o copiar el archivo encima de otro, etc.

Antes de utilizar los métodos actuales, se han utilizado otros con más o menos éxito:

• **Copias en diversos equipos y/o servidores:** con este tipo de control realmente lo que tenemos es, a salvo, una copia de la versión final última. Esto implica que si se realiza un cambio de codificación y/o archivo nosotros somos los encargados de realizar una copia resultante. Esto puede provocar que tengamos muchas copias que, si no hemos definido un criterio de copia, al final no sepamos el camino que se ha tomado y no puede revertir parcialmente el trabajo.

• **Desarrollo de aplicaciones propias para la gestión de versiones:** de todo punto es una pérdida de tiempo estando desarrolladas aplicaciones que realicen esta función y, además, en muchos casos son *open source*. En todo caso, se podría adaptar una de estas aplicaciones que cumplan con unos requisitos que necesita la organización que desarrolla las versiones de la aplicación.

• **Utilización de la nube para guardar proyectos:** este tipo de aplicaciones puede funcionar desde el punto de vista documental, pero no como almacén y prueba de la propia aplicación.

Conclusión, este tipo de sistemas puede generarnos múltiples errores no controlables.

Para hacer frente a este problema, se desarrolló hace tiempo **VCS** (Version Control System) locales que contenían una base de datos donde se mantenía un registro de actividades y cambios realizados sobre la nueva versión.

Para este sistema hay una herramienta que puede ser útil, **Revision Control System o RCS**. Esta herramienta automatiza tareas como guardar, recuperar, registrar, identificar y mezclar versiones de archivos. Además, es útil para gestionar archivos que son modificados frecuentemente: programas, documentación, gráficos o imágenes, etc.

Hay dos sistemas de control de versiones muy extendido y son:

- Centralizados: en los sistemas de control de versiones centralizados las distintas versiones vienen identificadas por un número de versión.

  En este tipo de estructura para el control de versiones únicamente se utiliza un servidor donde es alojado el repositorio del proyecto y al que los distintos usuarios adscritos al proyecto acceden para recuperar o actualizar los cambios realizados.

  En este tipo sistema de control de versiones todos los usuarios (dependerá del rol que tiene asignado el usuario) pueden conocer en qué trabajan los otros colaboradores del proyecto.

  Este sistema también tiene desventajas. Este es el caso de centralizar todo el proyecto en un servidor. Si el servidor se cae nadie podrá guardar el trabajo realizado mientras dure la caída. Si su base de datos está corrupta se pierde todo.

  Para evitar este tipo de problemas deben realizarse de forma sistemática copias de seguridad para evitar la pérdida de todo el proyecto sobre el proyecto de la última versión.

- Distribuidos: ¿qué es un sistema de control de versiones distribuido? Es la replicación entre dos o más servidores de todo el proyecto. A este sistema se le llama, también, DVCS (Distribuited Version Control Systems). Este sistema tiene, como principal ventaja que, si un servidor se cae o su base de datos se corrompe, el cliente (colaborador del proyecto) no interrumpirá su trabajo porque podrá obtener la información de cualquier servidor que esté activo.

  Y una vez levantado el servidor que ha estado fuera de servicio, este se actualizará a partir de los datos de los otros servidores.

  ¿En qué consiste? En replicar cualquier cambio producido en uno de los servidores al resto de servidores.

¿Cómo articulamos la implementación del control de versiones?

El repositorio es el lugar en el que se almacenan los datos actualizados e históricos de los cambios producidos en el proyecto de la nueva versión de la aplicación. Este lugar actúa de servidor de otros equipos. Los equipos de los colaboradores del proyecto accederán a este equipo, añadirá y actualizará los documentos que pueda aportar o solo recogerán información, por ejemplo, de la situación de un elemento de la aplicación.

¿Cómo funciona el repositorio? Cada cliente del sistema dispone de su propia copia local de trabajo, que puede ser examinada y/o modificada a voluntad sin afectar al conjunto del proyecto.

Denominamos cambio a cada una de las modificaciones realizadas por alguno de los colaboradores del proyecto en alguno de los documentos que se encuentran en el proyecto de la versión que se está elaborando. Hay sistemas que permiten agrupar múltiples cambios en una sola operación de escritura o actualización del repositorio. Se le denomina *changeset* que es un conjunto de cambios que puede ser tratado como un grupo indivisible, como ejemplo, un paquete atómico.

Denominamos **revisión** al mantenimiento de los cambios documentales, programas, sitios web y otros tipos de colecciones de información. Normalmente, estos cambios están identificados mediante un número o letra, denominado «número de revisión», «nivel de revisión», o simplemente «revisión». Por ejemplo, un conjunto de archivos puede denominarse «revisión 1». Cuando el primer cambio está realizado, el resultado será «revisión 2», y así sucesivamente. Cada revisión estará «sellada» e identificada la persona que lo ha realizado.

¿Cómo publicamos los cambios?

Los **check in** (o **commit**) son las operaciones mediante las cuales se integran en el repositorio los cambios realizados en la copia local. De esta forma, el resto de los colaboradores puede acceder a los cambios realizados por el colaborador.

Puede darse una situación anómala si concurre la siguiente situación: varios programadores deben trabajar sobre el mismo archivo. Si es así, este tipo de sistemas detecta esta situación, y actúa para evitar posibles problemas, pudiendo darse dos casos:

- Si varios colaboradores del proyecto han trabajado en partes de código diferentes, el sistema lo detectará y los fusionará para dar como resultado un fichero que incluya todos los cambios.

- Si varios colaboradores han trabajado en líneas de código comunes, realizando cambios sobre ellas (adición de líneas de código, modificación de líneas de código, borrado de líneas de código), el sistema lo que hace es señalar que se ha producido un conflicto, creando un archivo intermedio para que puedan ser revisados los cambios de forma simultánea cotejando el resultado de los cambios producidos. De esta manera se podrá decidir con qué versión quedarse o bien realizar a mano una combinación de los dos o, inclusive, descartar todos y rehacerlo.

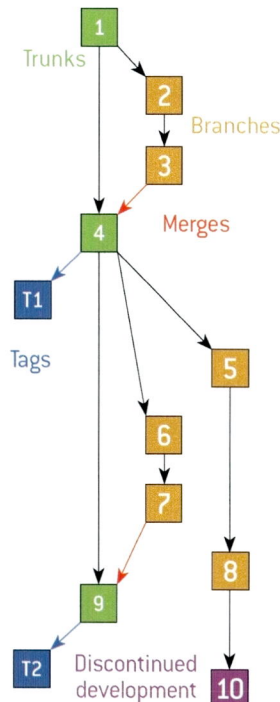

Figura 1.38. Ramificaciones de control de versiones.

¿Cómo desprotegemos el despliegue?

El **check out** es el proceso de obtener una copia local del proyecto proveniente del repositorio. Se puede especificar una versión concreta. Por defecto se suele obtener la última.

Habrá dos formas de operar si alteramos la copia local:

- **Exclusivos**: el miembro del proyecto selecciona, de la documentación del repositorio, el contenido que quiere modificar, entonces el sistema se encarga de que ningún otro colaborador modifique dicho elemento. El colaborador modificará la documentación seleccionada en su copia local y actualizará el repositorio cuando finalice la modificación local.

- **Colaborativo**: el miembro del proyecto descarga la copia pudiendo modificarla. Acto seguido actualiza en el repositorio los cambios realizados. El sistema se encarga de interpretar las modificaciones realizadas. Este tipo de despliegue puede generar, en el control de la versión, un conflicto por lo que requiere de una buena coordinación entre los miembros del proyecto que, si se dan, se deben resolver manualmente en el proceso de **check in**.

El procedimiento habitual de un sistema de control de versiones es:

- Descarga de ficheros inicial (*check out*)
- Ciclo de trabajo habitual:

    — Modificación de los ficheros.
    — Actualización de ficheros en local (*update*).
    — Resolución de conflictos (si los hay).
    — Actualización de ficheros en repositorio (*commit*).

En el proceso de creación de la nueva versión pueden existir y/o coexistir varias versiones, eliminar ramas, etc. Las situaciones que pueden darse son:

Ramificaciones o *branching*: básicamente el «**branching**» o **ramificación** es la copia de un objeto bajo el control de revisión (por ejemplo, un fichero de código fuente o un árbol de directorios completo) por lo que puede discurrir en paralelo ambas ramas. Cada rama será una **línea de desarrollo**. Estas ramas deben estar aisladas del proyecto de forma que los cambios realizados no afecten al resto del proyecto ni las modificaciones del resto del proyecto afecten a la ramificación. Estas ramificaciones se darán por terminadas cuando se decida unir los cambios producidos con el resto del proyecto.

Como ejemplo: una rama puede ser utilizada como banco de pruebas experimental. Esto hará que la rama sea extremadamente inestable para la rama principal. Una vez que se ha verificado la validez del desarrollo, la rama se considerará válida para integrarla de nuevo al proyecto. Por el contrario, si se verifica que no cumple con los objetivos marcados simplemente se descarta y se «rompe» la rama. De esta manera el proyecto no se ve perjudicado en su evolución.

En la Figura 1.39 se aprecia cuándo se produce una ramificación y en qué momento vuelve a converger. También puede ocurrir que una ramificación se desarrolle de forma independiente a la rama principal creándose un proyecto nuevo.

A continuación, explicaremos mejor los elementos de la Figura 1.39:

- **Fusiones o *merging***: se llama ***merging***, aunque también se llama integración, es una operación fundamental que reconduce múltiples cambios realizados en el proyecto para un control de revisión de la colección de archivos. Muchas veces, es necesario cuando un fichero está modificado por dos colaboradores o más en diferentes equipos a la vez. Cuando dos ramas son fusionadas, el resultado es una única colección de archivos que contiene ambas ramas fusionadas.

  En algunos casos, la fusión puede ser realizada automáticamente porque hay suficiente información histórica para deshacer los cambios y estos no generen conflictos con el proyecto. En otros casos, una persona debe decidir exactamente qué archivos de resultados debería tener el proyecto para su fusión. Algunas herramientas de control de revisión incluyen la capacidad de fusión entre ramas.

  Por resumir un poco, cuando la rama sobre la que se está desarrollando es estable (errores solucionados, funcionalidades añadidas) se fusiona, ***merge***, con el tronco.

En la Figura 1.39 igualmente se muestra el proceso de ramificación y el momento en que converge, fusión o *merge*, que será cuando es estable la versión.

- **Etiquetado o *tagging***: ¿qué es el etiquetado o ***tagging***? Muchos sistemas automatizados permiten definir etiquetas (*tags*) para referirse a una revisión concreta y determinado conjunto de ficheros de esa revisión. La etiqueta permite asignar un nombre mnemotécnico fácil de recordar o significativo de manera colectiva a varios ficheros a la vez. Cuando se determinan los tipos de etiquetas puede definirse un tipo de nomenclatura con la que será fácil acceder de forma rápida a ese conjunto de archivos. Por ejemplo: AWS2.0R5C6 donde AW será aplicación web, S destino (por ejemplo, Sanidad), 2.0 la versión del proyecto, R5 la rama, C6 el conjunto de archivos 6.

  En algunos sistemas se considera un ***tag*** como una rama en la que los ficheros no evolucionan, están congelados.

  En la Figura 1.39 también se muestra el momento en el que se produce un etiquetado. En el ejemplo se realiza en el momento en que converge una ramificación a la versión estable. Un momento para «marcar» la versión. Lo mismo se aprecia en la siguiente convergencia o *merging*.

- **Líneas base o *baseline***: una revisión aprobada de un documento o fichero fuente, a partir del cual se pueden realizar cambios subsiguientes.

  Muchas herramientas de control de revisiones usarán solo uno de estos términos similares (línea base, etiquetas) para referirse a la identificación de una instantánea (etiqueta del proyecto) o el registro de la instantánea (intentarlo con línea de base X). Entonces, solo uno de estos términos, línea base, etiqueta o *tag* es utilizado en la documentación.

  En muchos proyectos algunas instantáneas son más significativas que otras, tales como las utilizadas para indicar liberaciones publicadas, ramas o hitos.

  Cuando los términos «línea base» y cualquiera de los demás, etiqueta o *tag*, son usados conjuntamente en el mismo contexto, tanto etiqueta (*label*) y *tag* normalmente se refiere al mecanismo dentro de la herramienta de identificación o realizando el registro de la imagen, y la «línea base» indica la importancia creciente de alguna etiqueta (*label*) o *tag* dada.

- **Actualizaciones o *sync* o *update***: una actualización, también llamada «sync» o «update», integra los cambios que han sido hechos en el repositorio que han realizado otros colaboradores en la copia de trabajo local.

Cuando un colaborador trabaja en algún elemento, rama, etc. y se da por bueno el trabajo, este actualiza el repositorio. Como ya se ha dicho anteriormente, los colaboradores trabajan sobre una copia local. Una vez que un colaborador actualiza el repositorio, las copias locales están obsoletas por lo que se debe actualizar dicha copia local.

Al proceso de actualización o escritura de los ficheros bajo control de versiones, se le denomina también **integración**. Utilizamos esta nomenclatura para indicar tanto la escritura en el repositorio de los cambios realizados en la copia de trabajo como a la actualización de la copia local desde el propio repositorio. Copia local donde se incluirá los cambios realizados por otros colaboradores.

- **Congelaciones**: en el transcurso del ciclo de vida de un proyecto *software* en general, y aplicaciones web en particular, es conveniente cerrar en un momento dado la versión actual. A partir de este punto se empieza a trabajar en la evolución del producto como si fuera un proyecto nuevo, pero que realmente es una continuación evolutiva. El proyecto en sí indicará qué objetivos se pretenden conseguir en el proceso de la nueva versión.

  Este cierre nos permite revisar o volver a versiones anteriores para situaciones que lo requieran.

  Pongamos un ejemplo, cerramos la versión 2.5 porque se ha detectado un fallo en la versión 2.0 y supongamos que está el producto y en su versión en garantía. Entonces, se trabaja con la versión entregada, versión 2.0, para solucionar el *bug*. ¿Por qué se debe trabajar el fallo sobre la versión afectada y la última versión? Porque no se conoce el alcance del fallo y puede ocurrir que esté propagado, y la última versión sea inestable.

  Al proceso de cierre temporal o foto del estado del *software* en un momento dado se le conoce también como «**congelación de una versión**».

- **Gestión de conflictos**: en el proceso de actualización puede producirse conflictos. Por ejemplo, dos o más colaboradores han realizado cambios de forma autónoma sobre un documento del proyecto. El sistema debe ser capaz de gestionar estos conflictos. Este tipo de conflictos puede no ser resuelto de forma automática, entonces necesitará la intervención de un usuario, por ejemplo, el administrador, que deberá dirimir y tomar una decisión para resolver o conciliar el conflicto generado. Por ejemplo, tomar por válido el documento de un colaborador y reservar el mismo documento modificado por si fuera necesario retomar la decisión.

Algunos sistemas lo que hacen, de forma automática, es lo siguiente:

1. El programa cliente tenía referencia del archivo en conflicto como: nombre_archivo.ext.rXX (p.e. integra.php.r05) y corresponde a la última revisión conocida por el *software*.

2. Al modificarlo tendremos otro archivo: nombre_archivo.ext.mine.

3. En la actualización aparece otro archivo igual que el nuestro, se genera un conflicto. El archivo resultante tendrá la forma nombre_archivo.ext.rYY. YY será la nueva versión que no conocía nuestro *software* local.

4. A partir de este punto deberá resolverse el conflicto y decidir, bien a través de *software* bien por decisión del usuario.

Software *de gestión de versión de controles*

Las aplicaciones *software* para control de versiones son un conjunto de programas ideados para gestionar los cambios en el código fuente de los programas, librerías y archivos en general, con la posibilidad de poder revertirlos a un estado anterior.

Este *software* amplía su ámbito traspasando del concepto control de versiones a la inclusión de la gestión de configuración de *software* englobando, además, todas las actividades que pueden realizarse por un equipo sobre un proyecto *software* o cualquier otra actividad que genere ficheros digitales tales como documentos, dibujos, esquemas, etc.

Disponemos de *software* siguiendo el modelo cliente-servidor y el modelo distribuido. A continuación, mostramos unos ejemplos de *software* de control de versiones:

Software	Características	Enlace
CVS	CVS utiliza una arquitectura cliente-servidor. El servidor guarda la versión actual del proyecto y su historial. Los clientes se conectan al servidor para sacar una copia completa del proyecto. Esto se hace para que eventualmente puedan trabajar con esa copia y más tarde ingresar sus cambios con comandos. Modelo cliente-servidor.	http://www.cvshome.org/

Software	Características	Enlace
Subversion	Apache Subversion, SVN, es una herramienta de control de versiones *open source* basada en un repositorio cuyo funcionamiento se asemeja al de un sistema de ficheros. Es *software* libre bajo una licencia de tipo Apache/BSD. Modelo cliente-servidor.	http://subversion.apache.org/
PTC Integrity	Sistema para gestión del ciclo de vida de aplicaciones *software*. Es propietario y sigue el modelo cliente-servidor.	http://www.ptc.com/application-lifecycle-management/integrity
GIT	Es un *software* de control de versiones diseñado por Linus Torvalds, pensando en la eficiencia y la confiabilidad del mantenimiento de versiones de aplicaciones cuando estas tienen un gran número de archivos de código fuente. Código abierto. Modelo distribuido.	http://git-scm.com/
Bazaar	Es un sistema de control de versiones distribuido patrocinado por Canonical Ltd., diseñado para facilitar la contribución en proyectos de *software* libre y *open source*. Modelo distribuido.	http://wiki.bazaar.canonical.com/

TEST

1. El sistema operativo es…

   a) Parte integrante del *hardware* del ordenador.

   b) Todo el *software* del ordenador.

   c) Es una aplicación *software* que intermedia entre todas las aplicaciones *software* y el hardware del ordenador.

   d) Es una aplicación intermediaria para conectarse a internet.

2. ¿Podemos afirmar que un *smartphone* es un ordenador?

   a) No, porque no tiene un sistema operativo. Tiene operaciones muy restringidas.

   b) Sí, porque realiza operaciones propias de un ordenador, pero con menos recursos.

   c) No, los teléfonos inteligentes carecen de ejecutar aplicaciones *software* potentes.

   d) Sí, pero con funcionalidades limitadas en cualquier caso.

3. Todos los procesadores de textos…

   a) Ayudan a construir documentación electrónica.

   b) Están integrados en un paquete ofimático.

   c) Permiten realizar operaciones tales como: correo electrónico, hoja de cálculo, etc.

   d) Ninguna de las respuestas anteriores es correcta.

4. ¿Qué aplicación del paquete ofimático de Office permite las presentaciones en formato de diapositivas?

   a) Impress.

   b) Writer.

   c) Excel.

   d) PowerPoint.

5. La combinación de teclas [CTRL]+Z. ¿Qué acción provoca?

    a) Deshace los cambios realizados.

    b) Copia el contenido seleccionado.

    c) Borra el contenido seleccionado.

    d) Mueve el contenido seleccionado.

6. La «barra de herramientas» nos proporciona…

    a) Modificar opciones del menú.

    b) Adaptar la configuración de la aplicación a nuestro gusto.

    c) Acceso más rápido para realizar acciones que a través del menú sería algo más lento.

    d) Ninguna de las respuestas anteriores es correcta.

7. En un procesador de textos, ¿qué función tienen las «reglas»?

    a) Actúan como guía que nos permite conocer la posición del documento activo dentro del papel imaginario que representa el encuadre donde estamos escribiendo.

    b) Conocer en todo momento en qué lugar se encuentra el cursor.

    c) Tiene una presentación puramente estética.

    d) Nos permite colocar, en el lugar adecuado, todos los elementos del documento.

8. La hoja de cálculo es…

    a) Un tipo de documento con cuadrículas.

    b) Un tipo de documento con cuadrículas en vez de reglas.

    c) Un tipo de documento de inspiración matemática.

    d) Un tipo de documento para realizar tablas de presentaciones.

9. Una característica importante de la hoja de cálculo es…

    a) Se pueden combinar texto y números.

    b) Reconoce las diferencias entre los números y el resto de los caracteres.

    c) Puede construir gráficas.

    d) Permite resolver expresiones complejas a partir de una serie de datos.

10. **¿Qué normativa rige para establecer el marco de creación, gestión y uso de metadatos?**

   a) ISO 23081.

   b) ISO 15389.

   c) ISO 8859-1.

   d) Ninguna de las respuestas anteriores es correcta.

11. **¿Con qué formato podemos construir un documento con metadatos?**

   a) XML.

   b) XHTML.

   c) HTML5.

   d) Cualquiera que cumpla con los requisitos del esquema de referencia.

12. **¿Qué formato de documento es abierto?**

   a) Microsoft Word.

   b) OpenDocument.

   c) WordPerfect.

   d) Todos los formatos mencionados son abiertos.

13. **¿En qué sistema operativo no es posible leer un archivo PDF?**

   a) En GNU/Linux.

   b) En Windows.

   c) En OS X.

   d) Ninguna de las respuestas anteriores es correcta.

14. **Una wiki es…**

   a) Una aplicación web que se puede utilizar como herramienta colaborativa.

   b) Una aplicación web CMS.

   c) Es una aplicación web variante del blog.

   d) Ninguna de las respuestas anteriores es correcta.

15. Podemos utilizar la herramienta wiki como…

    a) Punto de encuentro de un equipo de trabajo.

    b) Sustituto de la documentación.

    c) Aportación de documentación en línea por parte del equipo de trabajo.

    d) Foro de intercambio de opiniones.

16. El navegador web…

    a) Es una aplicación que interpreta un documento HTML y lo representa haciendo legible el documento.

    b) Presenta un documento solo de internet.

    c) Lo utilizamos para interactuar con internet.

    d) Es parte del sistema operativo.

17. ¿Qué protocolos se utilizan en los sistemas de correo electrónico?

    a) SNMP y POP3.

    b) SMTP.

    c) SMTP, IMAP o POP3.

    d) IMAP y POP3.

18. En un navegador web si combinamos las teclas [CTRL]+F obtendremos…

    a) La búsqueda de un texto en un buscador de internet.

    b) La copia, al portapapeles, del texto seleccionado.

    c) La búsqueda de un texto dentro de la página.

    d) La búsqueda, en el sitio web, de todas las páginas que coincidan con el texto introducido.

19. El protocolo IRC se utiliza para…

    a) Para comunicaciones de mensajes en internet.

    b) Para comunicaciones web destinadas a chat.

    c) Para integrar, en un navegador, un sistema de webchat.

    d) Para las comunicaciones de chat.

20. Para construir un foro necesitamos...

    a) Una aplicación web con acceso a una base de datos.

    b) Una aplicación web con servicio FTP.

    c) Una aplicación IRC.

    d) Ninguna de las respuestas anteriores es correcta.

PRÁCTICA. CREACIÓN DE DOCUMENTACIÓN

Realizar un entorno colaborativo. Para ello se creará una web colaborativa accediendo a uno de los servidores gratuitos como es https://sites.google.com.

Se procede a dar de alta grupos y usuarios. Restricciones de acceso mediante perfiles.

Se crea una plantilla documental con un procesador de textos y se comparte a través de la plantilla seleccionada y creada en base a dicha plantilla.